体育艺术类项目教学
与产业化发展研究

陈 静 / 著

武汉理工大学出版社
·武 汉·

内 容 提 要

本书主要围绕体育艺术类项目的教学和产业化发展展开研究,首先分析体育艺术类项目的基础理论、重要价值,其次对体育艺术类项目的教学理论和啦啦操、健美操、体育舞蹈等体育艺术类重点项目的技能教学展开研究,最后探讨这些重点项目的产业化发展道路。本书紧扣主题,结构完整,内容丰富,图文并茂,理论与实践有机结合,能够进一步促进我国体育艺术类项目的普及与开展,提高学生的健康水平和体育艺术修养,并在市场经济下推动体育艺术类项目产业的持续健康发展。

图书在版编目(CIP)数据

体育艺术类项目教学与产业化发展研究 / 陈静著. -- 武汉:武汉理工大学出版社, 2024. 7. -- ISBN 978-7-5629-7170-2

Ⅰ. G808.22; G812

中国国家版本馆CIP数据核字第2024UF1028号

责任编辑:严 曾
责任校对:尹珊珊　　　排　版:米 乐
出版发行:武汉理工大学出版社
社　　址:武汉市洪山区珞狮路122号
邮　　编:430070
网　　址:http://www.wutp.com.cn
经　　销:各地新华书店
印　　刷:北京亚吉飞数码科技有限公司
开　　本:710×1000　1/16
印　　张:14
字　　数:218千字
版　　次:2025年3月第1版
印　　次:2025年3月第1次印刷
定　　价:92.00元

体育艺术类项目是一类体育和艺术相互渗透与融合的交叉学科项目，具体是指以有规范、有组织、有节律性的身体运动为表现形式和手段，集爆发性、连续性和优美性于一体，将技术和艺术表现相结合，向观众展现形体美、线条美、健康美和艺术美等诸多美的因素，具有健身性、教育性、文化性、竞赛性、技能性、娱乐性和社会性的社会体育文化活动项目。体育艺术类项目是体育和艺术深度融合的产物，其从最初的体操、艺术体操，到如今的健美操、啦啦操、体育舞蹈、街舞等项目的多样化并存发展，展现出较强的生命力和容纳力。体育艺术类项目的形成与发展既满足了社会大众对体育运动的多元需求，也丰富了体育与艺术的内涵。

近年来，体育艺术类项目以其丰富的内容、多元的功能以及独特的魅力而受到高校学生的欢迎，体育艺术类项目课程也逐渐成为高校展现教学改革成果的示范课程。体育艺术类项目不仅在教育领域获得了发展，而且在产业和市场领域也迎来了曙光，有关项目的产业化进程不断加快，取得了令人瞩目的经济效益。当前，我们要进一步普及推广丰富多样的体育艺术类项目，传授各项目的理论知识、加强技能教学，并推动各类项目在产业领域获得均衡发展，促进我国体育产业规模的壮大。基于此，作者在查阅大量相关著作文献的基础上精心撰写了本书。

本书共七章，第一章是体育艺术类项目基础理论与发展概况，主要介绍体育艺术类项目的基本知识、发展情况及其在高校的开展。第二章是体育艺术类项目开展的多元价值解析，具体包括身心健康价值、塑形美体价值和审美教育价值。第三章是体育艺术类项目教学的理论指导，重点分析体育艺术类项目教学理念、教学原则与方法、教学模式构建以及教学安全保障。第四章至第七章分别对健身健美操、啦啦操、体育舞蹈以及街舞四个体育艺术类项目的技能教学与产业化发展进行研究，这几个项目是近年来较为流行的时尚运动，颇受学生欢迎。本书在介绍这些项目基本知识的基础上，重点展开技能教学分析，最后结合社会发展背景提出各自的产业化发展路径，以提供正确的引导与方向。

总体上，本书主要围绕体育艺术类项目教学和项目产业发展两个方面进行研究，在介绍体育艺术类项目基本知识、发展概况、主要价值的基础上，构建了体育艺术类项目教学的科学理论体系，为技能教学提供理论指导。本书重点选取健身健美操、啦啦操、体育舞蹈、街舞四个代表性项目对其技能教学与产业发展展开研究，在技能教学方面以实践研究为主，图文并茂，具有较强的实用性，同时也兼顾了知识性与健康性。在产业发展研究中主要从各项目的市场发展情况出发寻求更好的发展路径和策略，以突破发展困境，改善发展现状，提高产业化发展水平。整体上，本书主题鲜明，结构合理，层次清晰，内容丰富，理论与实践有机结合，集科学性、系统性、创新性、实用性于一体，希望能够为促进体育艺术类项目的普及推广、提高其教学质量以及加速其产业发展进程作出贡献。

本书在撰写过程中参考并借鉴了很多专家、学者的研究成果，在此表示诚挚的感谢。由于作者水平有限，书中难免有不妥与疏漏之处，敬请广大读者批评指正。

岭南师范学院　陈静

2024年1月

一 目 录 一

第一章

体育艺术类项目基础理论与发展概况

体育艺术类项目是将体育与艺术相结合的一种特殊表现形式，它既具有体育项目的活力、竞争性和团队精神，又富含艺术项目的创意、审美和个性展示。体育艺术类项目充分体现了体育与艺术的交融，为参与者提供了一个展示自我、挑战极限、追求卓越的平台。本章主要对体育艺术类项目的基本知识及其发展进行分析与研究。在基本知识中主要介绍了体育艺术类项目的分类、特征和术语，在发展中着重对这类项目在高校的开展情况与策略进行分析与研究。

第一节　体育艺术类项目的分类

体育艺术类项目的分类方式较多，比较普遍的是依据项目特点进行分类，此外还可以从审美视角进行分类。下面简单说明这两种分类方法。

一、依据项目特点分类

依据体育艺术类项目特点的不同，可将其分为舞蹈类、体操类和民俗传统体育类三类，如图1-1所示。

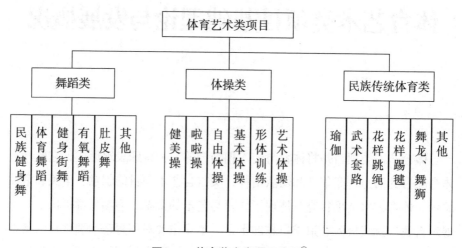

图1-1　体育艺术类项目分类①

二、依据审美要素分类

从审美视角出发，根据体育艺术类项目审美要素丰富程度的不同，可将其分为准体育艺术项目、亚体育艺术项目和弱体育艺术项目三类（表1-1）。

---

① 陈丽霞，胡效芳.体育艺术类项目教程[M].西安：陕西师范大学出版总社有限公司，2016：6.

表1-1 体育艺术项目的分类

大类	主要项目
准体育艺术项目	体操 武术套路 艺术体操技巧 花样滑冰 马术 自由式滑雪 跳水 蹦床等
亚体育艺术项目	篮球 手球 水球 冰球 拳击 跆拳道等
弱体育艺术项目	田径 游泳 射击 射箭 速度滑雪/滑冰 划船 冬季两项 铁人三项等

第二节　体育艺术类项目的特征

一、普及性与健身性

体育艺术类项目具有广泛的普及性和健身性。参与者可以根据自己的兴趣和特长选择合适的项目锻炼身体、提高素质。同时，这些项目也有利于培养人们的团队精神、拼搏意识和自律能力。

二、竞技性与观赏性

体育艺术类项目兼具竞技性与观赏性，使观众在欣赏过程中既能感受到运动员的拼搏精神，又能领略到艺术创新的魅力。例如，跳水、花样游泳等项目，运动员在追求技术难度和动作美观的同时还要面对激烈的竞争，展现出良好的心理素质和团队协作。

三、动态美学

体育艺术类项目注重运动员在运动过程中的身体姿态、动作节奏和力量控制的搭配与协调。这些项目的美学价值体现于运动员将力量、速度、柔韧性与艺术表现完美结合，呈现出动态的、富有变化的美。

四、个性化展示

体育艺术类项目强调运动员的个性发挥，鼓励创新和独特表现。在每个项目中，运动员都可以通过自己的风格、动作设计和创意表达来展现自己的独特魅力，为观众带来丰富多样的视觉体验。

五、融合性

体育艺术类项目将体育与艺术相互渗透，打破了传统体育和艺术领域的界限，形成了全新的表现形式。例如，体育舞蹈、艺术体操等项目，既考验了运动员的身体素质和竞技水平，又要求他们具备艺术表现力和创新思维。

第三节　体育艺术类项目的基本术语

一、体育艺术类项目术语概述

（一）基本概念

体育艺术类项目术语指的是体育艺术类项目训练中统一使用的概念和技术用语，包含大量关于体育艺术类项目理论与技术的专用词汇，具有简练性、明确性和约定俗成性，能够对体育艺术类项目进行抽象或形象的概括。

不管是政府推广体育艺术类项目，还是有关单位组织体育艺术类项目和个体参与体育艺术类项目，都必须规范使用体育艺术类项目术语，这是推广与普及体育艺术类项目以及促进个体学习与交流的重要手段。

（二）术语特点

1.科学性

体育艺术类项目术语具有科学性。体育艺术类项目术语需要准确描述动作要求和比赛规则，必须非常严谨，描述必须只有一种含义而不能有歧义，这样才能便于运动者理解动作要领和比赛规则。

2.一致性

体育艺术类项目术语具有一致性，作为传递信息、促进交流的语言工具，体育艺术类项目术语被广泛使用于训练时的技术指导、比赛时的规则制定和平时的学术沟通中。不一致的术语容易给人们带来理解差异，加大理解、交流的难度，只有具有一致性的术语才能促进体育艺术类项目运动的发展。

3.实用性

体育艺术类项目术语必须具有实用性。理论知识最终是需要落实到实践中去的，所以体育艺术类项目术语必须具有通俗易懂的特点，体育艺术类项目的运动者除了专业的运动员，还有业余的健身爱好者，通俗易懂的健身操术语便于各种运动群体的理解和记忆，促进体育艺术类项目运动的繁荣。

（三）术语构成

1.学名术语

开合跳、单足转体720°等词语是健美操学名术语，其特点是由动作基本术语组成，一般由动作开始姿势、动作部位、身体形态、动作方向、动作做法、动作数量、动作相互关系和结束姿势位置等部分构成。

2.音译术语

恰恰步、桑巴步等词语是健美操音译术语，因为健美操最开始的发源地是美国，后来变成一种风靡世界的运动，因此我国将一些英语中的体育艺术类项目术语直接根据英文发音引入进来，补充完善我国的体育艺术类项目术语。

3.命名术语

托马斯、塔玛诺、科萨克跳等词语是健美操命名术语，是国际健美操联合会根据历届举行健美操世界大赛的一些国家、地区，以及民族和一些表现出色的运动员的名字命名而成的术语。

4.形意术语

钟摆跳、十字步等词语是体育艺术类项目术语中的形意术语。形意术语就是根据健美操动作的表现方式，找到与其相似的一些常见物体运动，并用人们常见的物体运动来描述健美操动作的命名方式。

5.俗称术语

燕子、旋子等词语是体育艺术类项目术语中的俗称术语，这两个词语是从中国舞中引用到体育艺术类项目术语中的。所以，俗称术语一般就是从大众通用的词语或者正在流行并且成型的词语中引进的，其优势是通俗易懂、群众基础广泛。

6.形意术语

健美操的形意术语类似于象形文字，是通过使用一些比较形象好懂的图形文字来描述健美操的动作，对于专业人士来说，具有直观、快速的优点，但是业余人士对其辨认存在一定的困难，所以多使用于裁判和科研活动中。

二、体育艺术类常用术语释义

（一）名词术语

体育艺术类项目的名词术语也就是名词概念，其高度概括了体育艺术类项目的专业知识。对体育艺术类项目常用名词术语的了解与掌握有助于参与主体快速获取、正确理解以及有效应用健身健美专业知识。

下面具体介绍体育艺术类项目锻炼中的常用名词术语，以锻炼实践中的常用术语为主。

1.运动量

运动者在运动过程中完成的生理负荷总量就是运动量。运动量包含练习次数、负荷重量、练习密度、练习时间等因素。

2.练习负荷

在某一动作的练习中经常提到的练习组数、练习次数以及练习重量构成了练习负荷。

3.练习密度

单位时间内运动者重复练习的次数即练习密度，从中判断练习数量与练习时间的关系。

4.有氧代谢

有氧代谢是指人体运动时糖、脂肪在氧足够供给的条件下，氧化成二氧化碳和水。同时，释放大量能量，供三磷酸腺苷和磷酸肌酸再合成，并释放出化学成分，供给肌肉需要的代谢过程。

5.无氧代谢

无氧代谢是指人体运动过程中氧供应不足，肌肉利用三磷酸腺苷、磷酸肌酸的无氧分解和糖的无氧酵解生成乳酸，释放能量，再合成ATP供给肌肉需要的代谢过程。

6.有氧运动

机体以有氧代谢方式提供能量的运动就是有氧运动。这类运动的特点是负荷强度较小，速度较慢，次数多，常见项目有长距离慢跑、跳绳、爬山、有氧舞蹈等。

7.无氧运动

机体以无氧代谢的方式提供能量的运动就是无氧运动。这类运动的特点是强度较大，速度快，次数少，常见项目有短跑、举重以及跳跃类和投掷类运动。

8.靶心率

运动者在身体练习中应该达到的运动心率范围标准即靶心率。

9.超量恢复

人体在超负荷训练后，能量物质代谢超过原有恢复水平状态，就是所谓的超量恢复。在体育艺术类项目中，肌肉运动量越大，能量物质消耗越快、越多，超量恢复就越明显。

（二）动作术语

下面是体育艺术类项目中最基本的一些动作术语。

1.举

举指上肢或下肢从低到高运动的过程，如举腿。

2.屈

屈指关节弯曲时相邻骨之间的夹角变小，如屈臂。

3.伸

伸指关节伸展时相邻骨之间的夹角变大，如伸臂。

4.蹲

蹲指两膝关节并拢或分开时屈膝的姿势。

（1）全蹲

全蹲指人体屈膝时大小腿夹角小于90°。

（2）半蹲

半蹲指人体屈膝时大小腿夹角等于或略大于90°。

5.支撑

支撑指某个身体部分撑在地面或器械上，但关节轴高于器械或与器械持平的姿势。

6.绕

绕指移动范围在180°～360°之间的弧线形动作。

7.绕环

绕环指移动范围在360°及以上的圆形动作。

8.坐

坐指臀部或大腿坐在地上和器械上的姿势。

（1）正坐

躯干与下肢夹角约成90°。

（2）俯坐

躯干与下肢夹角小于90°。

（3）斜坐

躯干与下肢夹角大于90°。

9.振

振指臂、腿和躯干做用力加速的弹性摆动动作，如臂上举后振。

10.踢

踢指单腿做用力加速摆的动作，如前踢腿、后踢腿。

11.悬垂

悬垂指人体某部分握或者支撑器械时，其他部分不接触地面和器械，但关节轴低于器械轴的一种姿势。

12.握距

握距指手握器械时双手的距离。

（1）窄握距

窄握距指两手握住器械的距离小于肩宽。

（2）并握距

并握距指两手并拢握住器械。

（3）中握距

中握距指两手握住器械的距离等于肩宽。

（4）宽握距

宽握距指两手握住器械的距离大于肩宽。

13.站距

站距指两脚分开站立的间隔距离。

（1）窄站距

窄站距指两脚分开站立的距离小于或等于髋宽。

（2）中站距

中站距指两脚分开站立的距离等于肩宽。

（3）宽站距

宽站距指两脚分开站立的距离大于肩宽。

14.无冲击力动作

两脚都接触地面的动作或不支撑体重的动作，如双腿半蹲。

15.低冲击力动作

一只脚接触地面的动作，如踏步。

16.高冲击力动作

两脚都离地，即有腾空的动作，如开合跳。

三、体育艺术类项目术语的运用要求

（一）规范完整

体育艺术类项目术语被广泛运用于教学素材、论文专著、赛事规则等领域，是推动体育艺术类项目理论文化传播与交流的重要语言工具。体育艺术类项目术语承担着传递体育艺术类项目文化，促进世界各地体育艺术类项目文化交流和发展的重要使命，因此在使用体育艺术类项目术语时必须坚持严谨的态度，规范完整地使用体育艺术类项目术语，防止将错误的知识传播出去而误导他人。

（二）简明清晰

标准的体育艺术类项目术语虽然能满足高标准的准确度的要求，但是通常也会有冗长复杂的缺点。因此，在一些对描述方式要求不那么严格的情况下，可以在保证内容完整、描述清晰、格式规范的前提下采用更加简洁明了的体育艺术类项目术语进行表达。例如，教师备课或者健美操教练制定健美操练习规划，就可以用简单的动作名称加上形意术语表述，这样既省时省力又清晰明了。除此之外，利用一些线条画、图片、视频等代替冗长的标准表述也不失为一种简单高效的方法。

（三）方便快捷

体育艺术类项目术语其中的一个要求就是要方便使用者，使使用者能在时间比较紧张的情况下快速准确地记录相关事项。例如，裁判员在赛场上的时间就比较紧迫，需要在运动员做动作的时候记录下成套的动作，记录下各个动作的难易程度，还有动作的艺术性，这样才能根据运动员的多方面表现公平打分。在赛场上，负责记录动作完成情况的裁判员会通过使用难度和技巧符号评定运动员的动作完成情况，负责记录动作难度的运动员会使用符号代表不同的难度等级，负责评定动作艺术性的裁判员则会运用成套动作内容符号评定动作的艺术性。因此，人们在使用体育艺术类项目术语的时候可以本着方便快捷的原则提高自己的工作效率。

（四）形象易懂

体育艺术类项目术语除了方便使用者，也要方便学习者。例如，人们在学习健美操时，理论知识的学习通常只占用总体时间的一小部分，更重要的部分是实践和练习。因此，在使用体育艺术类项目术语进行教学时，使用的术语尽量要形象易懂，保证学生能在短时间内快速领悟动作结构和技术要领，节省理论学习的时间。此外，教师在教学过程中还可以提供分解动作的图片或者视频供学生观看，给学生更加清晰直观的印象。通俗又形象的描述方式使学生能够比较形象地感知动作内在的本质要求，有利于加深学生对健美操动作的理解和记忆。

（五）灵活变通

以健美操为例，健美操运动动作种类繁多，但是因为基本步伐只有七种，所以很多动作有相似之处。相应地，体育艺术类项目术语也有交叉重叠的部分，这无疑会给教学中简称动作名称带来一定的麻烦。所以，在使用体育艺术类项目术语的时候，虽然要以标准为主，但是也要学会灵活应用，如在教学中就可以按照"先正式后简称"的方式解决这个问题。所谓先正式，就是指在教学刚开始的时候，教师要先正式告诉学生每个动作的标准描述，使学生构建正确的动作概念，而在学习中后期使用术语简称，学生此时已经了解该动作的正式描述并且对动作比较熟悉，此时为了方便教学，可以使用一些比较简略的术语，如教师可直接用口令"V"或手势"V"来提示动作，这样能节约教学时间，提高教学效率。

第四节　高校体育艺术类项目发展概况

一、高等专业体育院校体育艺术类项目开展状况

普通高校的教师是从专业体育院校引进的人才，可以说，专业体育院校是一个火种及散播火种的机构，它所培养的体育艺术类项目人才的数量和质量直接影响到普通高校大学体育课的体育艺术类项目开展。

我国专业体育院校创办艺术类专业最早始于2001年并面向全国招生，此后，体育艺术类项目在各地区专业体育院校相继开设，尽管专业设置和培养方向不尽相同，但总体上主要以表演和舞蹈两个专业为主。随着体育艺术类项目在体育院校的蓬勃开展，这类项目成为引领体育文化和体育艺术产业发展的新趋向。

二、体育艺术类项目在全国普通院校的开展状况

体育艺术类项目在专业体育院校迅速"蹿红",受到学生的欢迎与喜爱,普通高校也纷纷把体育艺术类项目引进体育课堂,主要开设的项目有:健美操、体育舞蹈、街舞、瑜伽、形体课程等,开展现状良好。健美操是普通高校普遍开设的独立课程,教学教材、教学大纲、教学体系较为完善;并不是所有高校都开设体育舞蹈课,开课方式以选修课为主。其他课程,如啦啦操课、街舞课相对来说开展得并不是很普遍。但从体育教育发展的视角来看,体育艺术类项目未来将成为高校体育课中不可或缺的主要内容。

三、影响高校体育艺术类项目发展的因素分析

(一)重视程度不够

高校领导重视是体育艺术类项目在高校顺利开展的关键因素,只有领导高度重视,才能加大各方面的投入力度,加大教学改革力度,领导和带动体育艺术类项目的可持续性发展。但部分高校的领导并不十分重视体育的发展,或者只重视竞技体育项目的开展,对体育舞蹈、街舞等艺术类体育项目不够重视,认为这是可有可无的课程,因而造成这些项目的教学设备匮乏,特别是室内场馆不足,直接影响学生学习的积极性和效果。

(二)教学硬件设施较差

很多高校不具备专门的健美操、健身舞蹈教室,很多时候都是在户外操场组织健美操、体育舞蹈等课程的教学。对于当前的体育艺术项目教学设施现状,大部分教师和学生都不满意,他们认为这直接影响了上课的心情和课堂教学的积极性。不仅是教学场地不能满足教学要求,教学设备、手段等也

比较欠缺，如缺少好的音响设备、多媒体设施和健身健美器械，直接导致一些教学内容无法顺利开展。

（三）教师业务水平有待提升

体育艺术教育有助于提升学生的身体素质、审美观念、人文素养等多方面素质，教师在其中发挥着关键作用。培养优秀的高校体育艺术类项目教师有助于为国家输送高水平体育艺术人才，为我国体育艺术事业的发展贡献力量。但由于体育艺术类项目在高校开展时间比较短，再加上领导对此不够重视，因此配备的师资资源也存在问题，如师资资源少，不能满足教学需要；教师教学能力参差不齐，缺乏专业素养和教学经验。有的教师直接是从其他体育项目转行而来的，不仅理论知识欠缺，技术水平也达不到教学的高度。当前高校体育艺术类项目教师培养体系在课程设置、实践环节、评价机制等方面也存在不足。而且，在体育艺术类项目教学过程中还存在教师教学观念落后、教学方法单一、缺乏专门的教学技巧等问题，从而制约了高校体育艺术类项目的开展。

第五节　体育艺术类项目在高校的开展策略

一、加强宣传，提高认知

高校体育艺术类项目的宣传是校园体育文化建设中非常重要的一部分，高校应该加大对体育艺术类项目的宣传力度，让更多学生了解和参与这些有益的活动。

第一，明确宣传目标，突出项目特色。高校在宣传体育艺术类项目时，首先要明确宣传目标。针对不同项目，要突出其特色，让学生了解到每个项目的独特魅力。例如，在宣传健美操比赛时，可以强调团队合作精神；在宣传舞蹈表演时，可以突出舞蹈的创新和艺术表现力。

第二，多样化的宣传手段，强化宣传效果。高校可以采用多种宣传手段，如海报、横幅、校内电视台、校园网、微信公众号等，让学生在课余时间能够随时随地了解到体育艺术类项目的信息。此外，还可以邀请往届优秀运动员和艺术家来校举办讲座，分享他们的经验和感悟，激发学生的兴趣和热情。

第三，举办丰富多样的活动，提高参与度。高校可以举办各类体育艺术比赛和活动，吸引更多学生参与。这些活动可以包括校内的比赛、表演，也可以包括校际的联赛、艺术节等。通过这些活动，学生可以在实践中提高自己的技能，丰富自己的阅历，更好地享受到体育艺术带来的乐趣。

第四，注重宣传的持续性，形成长效机制。高校宣传体育艺术类项目不能只是一时的热闹，而要注重持续性。要将宣传纳入学校的日常工作，形成长效机制。可以通过定期举办体育艺术周、设立体育艺术奖学金等方式，让学生持续感受体育艺术在学校的重要地位。

第五，加强与社会的互动，提升项目影响力。高校可以与社会各界合作，举办更高水平的体育艺术比赛活动，提升项目的影响力。同时，通过媒体报道和社会口碑，让更多的人了解到高校体育艺术类项目的成果，为学校树立良好的社会形象。

二、改善教学设施条件

高校应从体育艺术类项目的特点和教学需要出发建设专门的场馆，因为室内教学不受外界影响，不会因为恶劣天气而影响教学计划。在建设场馆的同时还要配备相应的教学设备，如练习器械、音响设备、多媒体设备、把杆、整面墙镜子等，从而为教学提供便利。

三、拓展项目设置，丰富教学内容

高校体育艺术类项目的设置方式有两种途径：一是针对教学条件能够满足教学内容的学校，健美操、体育舞蹈、艺术体操可以独立开课，聘用专业的教师，根据学生的选择情况安排教学时数，以此达到教学效果；二是针对教学条件不能满足教学内容的学校而言，选修体育艺术类项目的学生，应在第一学期学习基本形体训练和健美操的简单动作，在第二、第三学期学习健美操大众等级操，在第四学期中将四分之三的学时安排学习体育舞蹈，将四分之一的学时安排学习艺术体操，以此丰富教学内容。

四、开展课外活动

高校体育艺术类项目的课堂教学时间有限，一学期安排的课时也较少，不能满足一些爱好者的参与需求。因此，高校要积极开展课外体育活动，如俱乐部活动、社团活动，也可以举办体育舞蹈、健美操等项目的比赛活动，为学生提供更多的参与机会，从而培养学生对体育艺术类项目的兴趣，充分满足学生的参与需要。

五、加强师资建设

体育艺术类项目在高校的开展质量直接受到专业教师教学能力、组织管理能力、课余指导能力等的影响。随着社会经济的发展，学生对体育艺术教育的需求日益多样化，对教师的专业素质和综合能力提出更高要求，而且随着新时代教育理念的转变，要求体育艺术类项目教师具备创新意识，不断更新教育方法和教学内容。所以，培养优秀的专业师资队伍势在必行。面对当前高校体育艺术类项目教师数量少、整体水平不高的问题，高校应加大对在职教师的培训与再教育，提高在职教师的专业素养和教学能力；完善师资培养体系，增设实践环节，提高教师的综合能力；鼓励教师参加各类培训、交流活动，提升专业素质，促进教师全面发展；提高体育艺术类项目教师的待遇，吸引优秀人才加入教师队伍。此外，高校也要积极引进体育艺术类项目的专业教师、运动员、教练员，从而优化整个师资队伍，提高体育艺术类课程的教学质量。

第二章
体育艺术类项目开展的多元价值解析

体育舞蹈等体育艺术类项目自兴起以来，以丰富多变的动作、优美的音乐旋律而风靡全球，受到世界各地年轻人的喜爱。这类运动之所以能够广泛传播，在社会上保持持久的热度，与其重要的价值功能是分不开的。体育艺术类项目具有多元化价值，包括突出的身心健康价值、塑形美体价值和审美教育价值，多种价值的共存使这类运动深具魅力。体育艺术类项目的多元价值反映了现代人的生活方式，满足了人类的情感需要，对人类的各个方面都产生了重要影响。本章主要对体育艺术类项目的身心健康价值、塑形美体价值以及审美教育价值进行详细分析。

第一节　体育艺术类项目开展的身心健康价值

一、体育艺术类项目的健身价值

在体育艺术类项目锻炼中，肌肉不断受到各种负荷的刺激，在适宜的刺激作用下，能够使身体形态、身体机能、组织器官等发生积极的变化，尤其是肌肉的形态结构、内部化学成分以及毛细血管组织等的变化，从而促进肌肉发育和身体各部位的生长发育。

（一）改善身体形态

体育艺术类项目以身体练习为主要手段，各种练习动作的设计都是以人体生理结构特点为依据的，反复进行科学而合理的动作练习，能够矫正不良身体形态，使人获得理想的身体形态。

体育艺术类项目改善身体形态的价值主要从其对人身体高度、身体围度和身体充实度的积极影响中体现出来。

1.改善身体高度

高度是身体形态的主要评价指标，能够将人体纵向高度直观反映出来，体现了人体骨骼生长发育水平。参与体育艺术类项目锻炼能够促进新陈代谢的加快和血液循环的改善，积极影响骨的结构和性能，从而促进骨长度的增加、骨径的增粗以及骨密质的增厚，并使骨小梁更加有规律地整齐排列，骨结构的积极变化使人体骨骼看起来更加结实有力。

骨骼的强壮离不开外界压力的刺激，在体育艺术类项目锻炼中采用负重练习法能够起到强壮骨骼的作用。体育艺术类项目锻炼还能使骨骼快速生长，从而有增高的功效。

2.改善身体围度

体育艺术类项目改善身体围度的作用表现如下。

（1）增加胸围

参与体育艺术类项目的过程中，机体内部氧气被消耗，若要满足机体活动的需要，呼吸系统就必须以比平时更快的速度工作，从而加快了呼吸频率，增加了呼吸次数，加大了呼吸深度和胸廓活动度。呼吸系统运行中的这些积极变化能够使胸肌更发达，胸围得到增加，使人拥有挺拔的胸廓，改善含胸驼背的不良身体形态。

（2）减少腰围

适当的体育艺术类项目训练能够减少身体内部的多余脂肪，增加人体胸部和背部的肌肉含量，减少腰部的赘肉，同时还能使肌肉收缩时的力量更强壮、收缩速度更快，使肌肉更有弹性、肌肉耐力更强，同时也能增加肌肉工作的灵活性。

男性进行增强腰腹部肌肉力量的练习，能够锻炼腹肌，健壮体格；女性进行腰腹部的形体训练，能够减少脂肪，改善不良身体形态，拥有优美的身体线条。

3.改善身体充实度

（1）控制体重

体育艺术类项目能够使人有计划、系统性地控制体重、保持体形。弥补先天不足，使受遗传因素影响的胸围、腰围、臂围、臀围和腿围等部位发生不同程度的改变，从而控制体重，增加肌肉含量，减少脂肪，提高人体基础代谢率，使人更健康。根据身体各个部位的发展需要，选择合适的动作和方法，有目的地减少局部堆积的多余脂肪，改善体形体态，使体形达到丰满、匀称、健美，体态变得端庄、大方、优美。

（2）减少皮脂厚度

在体育艺术类项目锻炼中，机体内毛细血管口径变大，肌肉每平方毫米内毛细血管的开放数量达到2000条以上，比安静状态下的开放数量多出了30余倍，这样就能够将更多的氧气和营养物质输送给肌肉组织，满足身体活动之需。

当完成运动强度较大的体育艺术类项目时，机体吸收更多的营养物质来摆脱极度"饥渴"的状态，从而增加了肌肉中的结缔组织，也使肌纤维增粗、肌肉体积增加，并减少了皮下脂肪，全身重量中肌肉重量的占比有所上升。

（二）提升身体机能水平

1.提高呼吸系统机能水平

参加体育艺术类项目可以改善甚至完善呼吸系统的功能，使其从构造到功能有可喜的变化。体育艺术类项目可以使肺组织保持良好的弹性，促进胸廓活动范围的增加，同时加深呼吸，促使肺活量高于不运动的人。

2.改善消化系统功能

体育艺术类项目中一些腰腹动作和髋部动作都能够将消化器官动员起来，积极参与工作，从而促进机体消化功能的改善，使机体对营养物质的吸收与利用率得到提升。

3.增强运动系统功能

坚持体育艺术类项目锻炼能促进骨骼新陈代谢，对血液循环具有改善功效，并促进骨密度的提高和骨细胞生长能力的提升，从而使人们拥有更加坚固且抗折、抗弯、抗扭转、抗压缩等性能良好的骨骼。体育艺术类项目还可以使关节周围的肌腱和韧带增粗，加强关节稳固性，预防与关节有关的运动损伤。

坚持体育艺术类项目锻炼，还可以提高关节周围韧带和肌肉的伸展性，扩大关节活动范围，提高关节灵活性。

4.提高心血管系统机能水平

参与体育艺术类项目，能使心肌纤维增粗，收缩力增强，进而增加每搏输出量，促进心脏储备力量的增加，这对心脏健康非常有益，能够起到对心血管疾病的预防作用。坚持参加体育艺术类项目，还能使动脉管壁的中膜增厚、弹性纤维增多、血管的运血功能加强。

5.改善神经系统功能

人体参与一些体育艺术类项目时，离不开中枢神经系统的支配与调节，如在音乐伴奏下不断变换与调整动作力度、速度、方向和路线，这对运动者的反应力、注意力都提出了很高的要求，经常参加这些运动可以使神经系统更加灵敏。

二、体育艺术类项目的健心价值

体育艺术类项目的健心价值如图2-1所示。

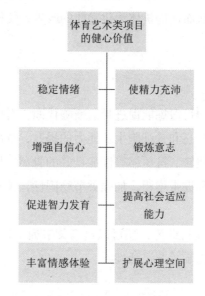

图2-1　体育艺术类项目的健心价值

（一）稳定情绪

体育艺术类项目能够促进体质的增强、体格的健壮，可以塑形美体，使人们追求美的心理得到满足，并使人通过健身健美而获得良好的情感体验，预防不良心理问题的出现、疏导已有的心理问题，消除不良情绪，保持积极稳定的情绪，形成乐观向上的稳定性格。

（二）使精力充沛

人们参加体育艺术类项目，从中感受运动的快乐与协作的和谐，在战胜困难、达到目标后获得愉悦感、成功感，表现出"扬眉吐气"的良好精神面貌。体育艺术类项目环境比较开放、自由，参与其中的人相互交流、鼓励，彼此信任、合作，在振奋人心的运动氛围中共同完成任务，达成目标，使人保持高昂的精神状态，并将这种精神延续到生活中的方方面面，同时也对他人产生积极影响。

（三）增强自信心

体育艺术类项目能够使参与者拥有强健的体魄和健康优美的体形，外表看上去丰满匀称、健康优美，并以端庄大方的体态吸引他人的注意力，获得他人的欣赏，这能够使人从内心深处获得愉悦和自信，提升自信心。

强大的自信心又能够使人不畏艰难，坚持完成体育艺术类项目中的难度动作练习，提高运动水平，这反过来又将增强自信，从而形成一个具有重要价值的良性循环系统。

（四）磨炼意志

个体从自身实际情况出发明确努力的目标，并克服困难，坚持不懈，最终实现目标的过程便是意志。缺乏运动基础的人刚开始参与体育艺术类项目时，难免会遇到困难，如在练习过程中动作不规范，肢体不协调，肌肉力量差，身体不灵活，缺少耐力和韧劲，但如果能通过调整运动处方、寻求有效指导等手段而坚持克服这些困难，最终一定能成功完成动作，提高运动水平。可见，参与体育艺术类项目是磨炼人意志力的过程，能够培养人的意志品质，使人变得果敢坚忍，有恒心、有毅力，顽强拼搏，这也是学习和工作中不可缺少的重要品质。

（五）促进智力发育

对人类而言，能够正确感知外界和认识世界的前提之一是智力正常。智力与心理健康密切相关，它是心理健康的基础。参加体育艺术类项目能够调节人的神经系统，提升神经系统功能的灵活性、协调性，使处于应激状态下的神经系统的兴奋机制与抑制机制合理转换，迅速而准确地做出反应，这能够有效提升智力水平。此外，科学参与体育艺术类项目能够增加大脑重量与大脑皮层厚度，增加脑细胞树突，使大脑容纳更多的信息，这是智力发展的重要基础条件。

体育艺术类项目能够改善人的注意力、反应力、思维能力和记忆力，使人保持稳定的情绪和拥有开朗的性格。这些非智力因素的发展能够促进智力的发展。

此外，人们在体育艺术类项目中各种心理体验也能使人的智力活动得到强化，有利于进一步发展智力。

（六）提高社会适应能力

1.提升沟通能力

人们在参与体育艺术类项目的过程中，免不了与有共同健身爱好的人交流经验，切磋技能。体育艺术类项目的参与者在运动过程中相互不断进行着直观及时的、主动准确的沟通，相互分享信息和心得。语言表达、肢体行动是参与者相互交流的主要手段，体育艺术类项目能够有效锻炼人的沟通能力，包括语言上的表达和肢体上的沟通。

2.提高协作能力

个体参与体育艺术类项目的过程也是与他人进行交流互动和共同进步发展的过程。从社交层面来看，参与体育艺术类项目这一行为本身就具有沟通与合作的性质，参与者相互对话，旨在实现共同的目标。

体育艺术类项目参与者之间的"对话"包括多种形式，如切磋技能、交流经验、分享方法、遇到困难时相互鼓励以及在难度动作练习中互相为对方提供保护与帮助，这些对话形式涉及多个层面的内容，包括体育艺术类项目知识、运动参与态度以及体育情感和价值观等。

参与体育艺术类项目的过程中，对话双方是平等的，在交流与合作中共同探索未知、共同进步，谁都不是高高在上的，谁也不必觉得低人一等。体育艺术类项目中的互动、合作能够促进参与者协作意识与能力的增强。

3.构建和谐人际关系

人们参与体育艺术类项目并不是一时兴起，而是先对健康、健美有需求，并对体育艺术类项目的重要性有了一定的认识，然后在意识的支配下和情感的激励下产生了实际的参与行动。体育艺术类项目的参与者可以是各种各样的人，不管任何社会阶层、年龄、性别、经济条件的人都能参与其中，经过坚持不懈地参与而实现自己的目标，从中获得愉悦和成功的体验。

在整个运动过程中，参与者的付出与收获是成正比的，参与者个体是自由的，相互是平等的，形成了个体之间相互尊重、相互学习、相互鼓舞、相互包容的和谐氛围，这对参与者在社会交往中与他人和谐相处，形成良好的人际关系具有很大的帮助。

（七）丰富情感体验

人们在体育艺术类项目中追求获得成功后的荣誉感、相互合作的信任感、扮演角色的责任感以及公平竞争的道德感等。可见，人们在参与体育艺术类项目的过程中，其高级情感由运动承载，并在运动中变得更加充实、强烈。参与者的情感体验既丰富精彩，又复杂多变，与现代人追求丰富情感的特征比较相符。

在不同的体育艺术类项目中，人们所获得的情感体验是有区别的，如在趣味性体育艺术类项目中，人们能够感受运动的乐趣，获得运动的愉悦感。在家庭环境下开展的体育艺术类项目中，家庭成员可以体验亲情、归属感和幸福感。在集体类的体育艺术类项目中，人们可以感受集体荣誉感、团队信任感以及实现自身价值的成就感。

（八）扩展心理空间

体育艺术类项目能够使健身爱好者的运动区域更加宽广，不再限制于狭小空间内。无论是参加室内的体育艺术类项目，还是参加户外健身运动，参与者的生活空间都在原来的基础上得到了扩展。人的生活空间一旦扩大，心理空间也会受到良好的影响。人们利用休闲时间参加体育艺术类项目，能够使身体得到放松，使心理平静下来，缓解身心疲劳，运动后经过积极性休息又能恢复充沛的精力，以良好的精神状态投入生活中，以积极乐观的心态对待生活中的大小杂事，热爱生活。

体育艺术类项目不但能够使人放松身心，陶冶情操，拓展生活空间和心理空间，还对参与者个性的完善、创新精神的培养有积极作用，从而使参与者摆脱单一的生活方式，从社会激烈竞争造成的压抑空间中解脱出来，在开阔的生活空间中获得放松和享受，感受生活的真谛与快乐。

第二节　体育艺术类项目开展的塑形美体价值

人体组织包括骨骼、脂肪、肌肉等，这些组织的比例结构和分布情况直接影响人的体形，体形又会对体态即身体外形姿态产生影响，人们常说一个人举手投足是否大方、得体，主要就是对其体态进行评价。体形的高矮胖瘦是人体外部最直观的体现，影响体形的因素有很多，包括先天遗传、新陈代谢、饮食习惯、疾病、自然环境等。人体的体形和体态历来受到重视，体态受体形的影响很大，在礼仪教育中我们强调的"站有站相，坐有坐相"就是良好体态的表现，体态不端正而且对此不够重视的人，长期下去会出现骨骼发育不正常的问题，而且可能出现畸形，那些含胸驼背、脊柱侧屈的人有的就是因为长期的不良体态造成的。体形和体态良好的人能够给人留下良好的第一印象，能够使人保持良好的精神面貌，而且形成积极的生活态度，养成健康的生活习惯，表现出理想的自制力、自信心和独立性。这样的人在一生中有更多的机会实现自己的人生价值，创造更多的社会价值，而且生活有乐趣、有意义。

体育锻炼是改善体形和体态的重要方式，体育艺术类项目在这方面可以起到重要作用，下面从三个方面分析体育艺术类项目对塑造健美体形和良好体态的价值。

一、塑造健康、优美的体形

肌肉的丰富度和强健性在很大程度上影响着人体的体形和体态美。在体育艺术类项目中，完成带有一定负荷的动作能够有效刺激肌肉，促进受刺激部位肌肉的发展和骨骼的增强，促进局部的生长发育。参与体育艺术类项目锻炼，既能将先天的身体优势利用起来，并进一步强化优势，又能使先天不足得到弥补，遗传度越小的身体部位经过科学系统的体育艺术类项目锻炼越能发生积极的变化，长期坚持锻炼，能够收获良好的效果，使体形变得丰满、匀称，看起来既健康，又有美感，再加上在一定程度上控制了体重，所以整体上给人一种大方美丽、端庄自信的感觉，这便是体育艺术类项目对体态的积极作用。不管男性还是女性，长期参与体育艺术类项目锻炼，都能有效改善体形和体态，男子变得体格魁梧、风度翩翩，女子变得体态丰满、秀丽动人。有关专家针对人体不同部位的体态问题创编了局部塑形体育艺术类项目，这样就提高了锻炼的针对性，满足了锻炼者发展身体各个部位的需求，最终获得整体的健美效果，塑造出健康且具有美感的体形、体态。

二、全面锻炼身体素质

体育艺术类项目能够全方位锻炼人的身体素质，具体表现为增强肌肉力量，增加肌肉、韧带的弹性，提高柔韧性。有些动作要求肌肉活动达到极限状态，直至有轻微的疲劳和酸痛感，这对锻炼耐力素质具有重要意义。在音乐的伴奏下，运动者的动作不断变化，包括动作方向的变化、动作路线的变化、动作力度的变化等，完成这些不断变化的动作能够促进肌肉记忆力的增强，能够使神经系统更加灵活，使身体各部位更加协调，从而有效锻炼了灵敏性、协调性。

三、矫正畸形、促进康复

体育艺术类项目既有局部动作，也有全身性动作。创编者根据体育艺术类项目的特征、基本创编规律和原理以及人体的需要而设计身体不同部位的动作及全身性动作，局部动作重点发展某一身体部位，但也会影响全身，能够起到全方位的锻炼效果。对于因为各种因素而造成的身体缺陷、身体畸形，采用运动疗法可以起到一定的矫正作用。体育艺术类项目作为常见运动疗法的项目之一，在矫正驼背、鸡胸、O型腿身体畸形方面具有重要作用。有关专家专门针对常见身体畸形而创编了矫正畸形体育艺术类项目，在大众中广为流行。身体有畸形或缺陷的人要选择适合自己的体育艺术类项目动作来进行锻炼，从而有针对性地矫正畸形，改善不良体态。

例如，肩膀狭窄、肩胛下垂的人可选择的动作有前平举、侧平举、颈后举等，从而使肩部三角肌、斜方肌得到有效锻炼，使这些部位的肌肉变得发达，以达到良好的矫正缺陷的效果，使肩部看起来有美感；"鸡胸"的人可选择的体育艺术类项目动作有"飞鸟"、仰卧推举以及对锻炼胸大肌有作用的动作，经过长期练习而使胸部肌肉发达、结实、丰满、有轮廓，使胸部看起来挺拔；肥胖的人参加体育艺术类项目锻炼要以控制体重、燃烧脂肪、塑造体形为主，体育艺术类项目锻炼对肥胖者来说不仅能塑造体形，还能促进健康和预防疾病，因为超重或肥胖的人发生慢性疾病的可能性大，所以必须通过运动锻炼来减轻体重，促进健康，预防疾病。

因为体育艺术类项目具有矫正畸形、预防疾病的作用，所以其被纳入医疗体育的范畴中，成为医疗体育的重要组成部分。一些患者如颈椎病患者、腰肌劳损患者、腰椎间盘突出患者等也可以通过体育艺术类项目锻炼而达到身体康复的效果。

第三节 体育艺术类项目开展的审美教育价值

一、体育艺术类项目的审美内涵

体育艺术类项目的审美内涵体现在以下几个方面（图2-2）。

（一）力量美

体育艺术类项目强调人体形态、力量、速度、柔韧性的和谐发展，展现出人体自然美的力量。体育艺术类项目的参与者通过自己的力量和技巧，展现出高超的运动水平。这种力量美不仅体现在动作的难度和完成度上，还体现在参与者精神风貌和拼搏精神上。

（二）技能美

体育艺术类项目要求参与者具备高超的技艺，通过技术动作的完美呈现，体现出参与者对项目的熟练驾驭。

（三）精神美

体育艺术类项目强调参与者拼搏、进取、团结的精神风貌，展现出一种积极向上的精神力量。

（四）艺术美

体育艺术类项目将体育与艺术相结合，以创新的表现形式，呈现出独特的艺术美感。

（五）和谐美

体育艺术类项目强调参与者与音乐、舞蹈、动作等方面的和谐统一。在这种和谐美中，观众可以感受到参与者与艺术元素的完美融合，产生共鸣。

（六）创新美

体育艺术类项目鼓励参与者创新，形成独具特色的表演风格。在这种创新美中，观众可以感受到体育与艺术的无限可能。

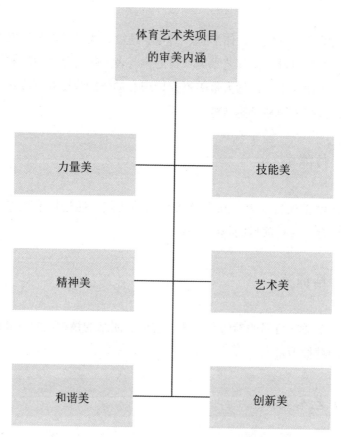

图2-2　体育艺术类项目的审美内涵

二、体育艺术类项目审美教育价值体现

（一）音乐审美教育价值

音乐是体育艺术类项目的灵魂，一首好的体育艺术类项目音乐不仅能激发参与者的热情，还能提升其审美体验。体育艺术类项目音乐要求节奏鲜明、旋律动感，具有较高的艺术性和感染力。在体育艺术类项目练习过程中，音乐与动作的完美融合使参与者在聆听音乐的同时，感受到音乐的节奏和旋律在动作中的体现，从而提升审美趣味。

（二）舞蹈审美教育价值

舞蹈是体育艺术类项目的艺术表现形式，通过优美的舞蹈动作展示人体美和力量美。体育艺术类项目的舞蹈动作要求具有流畅性、协调性和创新性。在体育艺术类项目练习中，舞蹈动作的优美与力量，以及队形的变换和配合，呈现出一幅美丽的画卷。此外，体育艺术类项目舞蹈动作还强调个性展示，使每位参与者都能在舞蹈中找到自己的风格，提升审美能力。

（三）体育审美教育价值

体育是体育艺术类项目的基础，体育艺术类项目作为一种运动项目，其体育审美价值体现在对身体的锻炼和塑造上。体育艺术类项目的动作设计充分考虑人体的生理结构和运动原理，通过科学的力量训练和有氧运动，达到塑造体形、增强体质的目的。在体育艺术类项目练习过程中，参与者可以感受到身体的力量与美感，激发对运动的热爱，从而提升自身的审美观念。

第三章
体育艺术类项目教学的理论指导

体育艺术类项目能否被学生接受，能否引起学生的学习兴趣，这直接影响最终的教学效果。为促进体育艺术类项目在学校的顺利开展，提高学生对这类项目学习的积极性，需要科学建立并不断完善体育艺术类项目教学理论体系，不断优化调整体系中的教学要素，加大改革与创新力度，提高体育艺术类项目教学质量。本章主要对体育艺术类项目教学的科学理论展开研究，主要内容包括体育艺术类项目教学理念、教学原则与方法、教学模式构建以及教学安全保障。

第一节　体育艺术类项目教学的科学理念

体育艺术类项目的教学理念源于对人类身心健康的关注，以及对美好生活的追求。在我国，体育艺术教育逐渐受到重视，成为培养全面发展的人才的重要途径。为了更好地推动体育艺术类项目教学的发展，需要树立科学的教学理念，从而为教育实践提供指导。

一、以人为本，关注个体差异

体育艺术类项目教学首先要强调以人为本，关注每一名学生的个体差异。教师要充分了解学生的生理、心理特点，因材施教，制订个性化的教学计划。在教学过程中，注重培养学生的自主学习能力，激发他们的兴趣和潜能，使每名学生都能在适合自己的领域中发展特长。

二、全面发展，培养综合素质

体育艺术类项目教学理念的核心是全面发展，培养学生的综合素质。体育艺术教育不仅要关注学生的专业技能培养，还要重视学生的道德品质、文化素养、心理素质等方面的培养。通过丰富多样的课程设置，让学生在体育与艺术的学习中，全面提升自身素质，为未来的发展奠定坚实的基础。

三、注重实践，提高创新能力

体育艺术类项目具有较强的实践性，教学过程中要注重学生的实践操作，以提高其创新能力。教师要创设实践平台，让学生在实践中感受体育与艺术的魅力，勇于尝试、不断创新。同时，教师还要引导学生从实践中总结经验，提高理论水平，形成自己的见解和风格。

四、强调团队合作，培养社会责任感

体育艺术类项目往往需要团队合作，因此在教学过程中要强调团队精神，培养学生的社会责任感。教师要组织各类团队活动，让学生在合作中学会尊重、信任与支持，培养团队意识。同时，通过参与社会实践活动，让学生认识到自己在社会中的责任，提高其社会责任感。

五、以学定教，以用定教

在体育艺术类项目教学中要树立以学定教、以用定教的理念，这意味着教学内容和教学方法必须紧密围绕学生的实际需求和应用场景进行调整。这样的教学模式既能满足学生学习的个性化需求，又能提高教学效果，使学生在实践中更好地掌握体育艺术项目技能。树立以学定教、以用定教的教学理念，具体要做到以下几点。

第一，进行学情分析，了解学生需求，制订针对性教学计划。在进行教学之前，教师首先要对学生的年龄、身体素质、运动能力、学习兴趣等方面进行全面了解。通过学情分析，教师可以明确学生的需求，制订出具有针对性的教学计划。例如，对于初学者，教师可以从基础动作入手，逐步引导学生学习基本动作与技巧；对于有一定基础的学生，教师可以针对学生的薄弱环节进行有针对性训练，提高学生的技能水平。

第二，以用定教，结合学生实际应用场景，调整教学内容和方法。体育艺术类项目教学不仅要注重技能的传授，还要关注学生的实际应用。教师要根据学生的实际情况，结合他们的日常锻炼需求，调整教学内容和方法。例如，针对学校运动队的队员，教师可以加大训练强度，提高他们的竞技水平；对于普通学生，教师可以重点教授一些实用技巧，使他们在课余时间能够更好地享受健美操、体育舞蹈等运动。

第三，注重实践，强化训练，提高学生的实际操作能力。体育艺术类项目教学要将理论教学与实践相结合，注重培养学生的实际操作能力。教师要合理安排练习时间，确保学生有足够的机会进行练习。在实践过程中，教师要密切关注学生的动作要领，及时纠正错误，确保学生掌握正确的技巧。

第四，定期评估，监测学生进步，调整教学策略。教师要定期对学生的学习情况进行评估，了解他们的学习成果，以便及时调整教学策略。评估方法可以包括现场观察、技术测试、师生交流等。通过评估，教师可以发现学生的优点和不足，为后续教学提供有力支持。

六、融合现代科技，创新教学方法

随着科技的发展，体育艺术类项目教学可以充分利用现代科技手段，创新教学方法。教师可以运用多媒体、网络等资源，丰富教学内容，提高教学质量。同时，还可以通过线上线下相结合的方式，拓宽教学渠道，让学生在更广泛的空间和时间内接受体育艺术教育。

第二节　体育艺术类项目教学的原则与方法

一、体育艺术类项目的教学原则

（一）兴趣原则

在体育艺术类项目教学中要格外重视学生的兴趣表现。一般而言，学生对外界充满好奇心，愿意探索新奇的事物，兴趣是他们最大的动力。但是由于每名学生都具有一定的天性差异，有的喜欢个人类的体育艺术项目，有的则喜欢团体类体育艺术项目；有的喜欢热烈开放的体育艺术项目，有的喜欢稍含蓄委婉的体育艺术项目。这就需要教师在调动学生兴趣爱好、尊重学生个人兴趣的基础上，根据学生的兴趣爱好进行教学，这有助于充分调动学生学习的积极性和主动性。

（二）从实际出发原则

每名学生都有自己的特点和优势，在体育艺术类项目教学中教师要关注学生的个体差异，尊重他们的兴趣和特长，实施个性化教学。对于学习能力较强的学生，教师可以适当提高教学难度，激发他们的挑战欲望；对于学习能力较弱的学生，教师要耐心指导，帮助他们树立信心，逐步提高他们的学习能力。

（三）适量性原则

适量性原则是指在体育艺术类项目教学过程中有意识地控制练习时间、强度和密度，防止过大的运动负荷造成学生过度疲劳或受伤。一定要在安全的前提下进行教学，在运动负荷的安排中遵循适量性原则，防止学生过度疲劳或过度兴奋，以免影响身心健康。具体而言，教学形式、内容、运动负荷都要符合适量性要求，在教学实施过程中具体要注意如下几点。

第一，合理调节负荷、节奏。根据学生的认知能力，一般在课堂教学前半部分可安排有一定认知难度的内容，如新的或较难的动作，而后半部分则以难度较小或带有复习性质的内容。这样既保证了学生可以学习新内容，同时难度又不会过大，以免学生产生畏难情绪。从学生的情绪来看，应遵循循序渐进的原则来安排运动负荷，如果一上来就安排让学生情绪过度兴奋的内容，会影响新动作的学习和掌握，因此可以在后半部分适当地让学生的情绪释放，自由练习。

第二，科学安排时间。在教学过程中，教师要对教学时间有合理的把握，教师讲解时间和示范时间的比例要适量。

第三，课前做好准备工作。没有专门室内教学场馆的学校实施体育艺术类项目教学多是在户外，这需要教师提前对天气情况有所了解，同时还要确保场地和相应设施的安全，这些都要求教师在课前做好充分的准备工作。此外，教师还要根据季节和气温情况调整教学中的运动负荷。在炎热的夏季避开日照强烈的时间段，选择活动量小的内容；在寒冷的冬季可适当增加练习密度和运动负荷。

（四）技能与素养并重原则

体育艺术类项目教学既要注重学生技能的培养，也要关注学生综合素质的提高。教师在教学过程中要充分挖掘学生的潜力，提高他们的专业技能水平，同时要加强德育、智育、美育等方面的教育，使学生在专业成长的同时，成为具有全面素质的人才。

（五）理论与实践相结合原则

体育艺术类项目教学要求学生在实践中学会运用理论，在理论指导下进行实践。教师要合理安排课程，确保理论与实践教学的有机结合，让学生在实践中不断总结经验，提高自己的认识水平，形成正确的价值观和体育艺术素养。

（六）激励性与挑战性相结合原则

在体育艺术类项目教学中，教师要充分调动学生的积极性，设置具有激励性和挑战性的教学目标，让学生在不断挑战自我的过程中，体验到成功的喜悦和成长的快乐。同时，教师还要关注学生的心理健康，关心他们在学习过程中遇到的困难，给予适当的关怀和支持。

（七）团队合作与竞争意识相结合原则

体育艺术类项目教学倡导团队合作精神，培养学生的竞争意识。教师要组织多样化的集体活动，让学生在团队合作中学会协作、互信、包容，形成良好的团队氛围。同时，通过举办各类比赛，让学生在公平竞争中提高自己的能力和素质，培养良好的竞争心态。

（八）持续性与阶段性相结合原则

体育艺术类项目教学要注重学生的长期发展，教师要根据学生的年龄、生理、心理等特点，制订合适的教学计划，确保教学内容的持续性和阶段性。在教学过程中，教师要及时关注学生的进步情况，调整教学策略，为学生提供一个持续、系统的学习环境。

二、体育艺术类项目的教学方法

（一）以语言为主的教学方法

1.讲解法

讲解法是一切教学的基础，能够有效地帮助学生在较短的时间内理解和掌握体育基础知识和技能。语言是人与人之间最主要的沟通交流方式，因此也是学生最习惯、最擅长的接收信息的途径。教师应该充分利用语言交流的功能，努力把体育艺术类项目教学中可以通过语言传达的信息，经过巧妙的组织，以生动、简洁、快速、好理解的方式传递给学生。同时需要注意的是，教师的讲解应尽量做到精练和准确，然后给学生更多的时间进行练习。

2.问答法

问答法是在讲解法的基础上发展而来的一种教学方法，它的优点是便于激发学生学习的主动性和积极性，能够培养学生的思辨能力、语言表达能力。

3.讨论法

讨论法是在讲解法和问答法的基础上延伸出来的一种更为灵活、教学空间更大的教学方法，它给教师、学生以及课堂更大的自由度。讨论法主要是在教师的指导下，以班级或小组为单位，围绕某一核心问题进行讨论，让学生自由表达观点，从而促进学生积极、主动地参加到课堂教学活动中来，并能主动提出问题，通过讨论与思辨，寻找解决问题的方法，这是学生作为学习主体主观能动性较强的体现。讨论法有利于增强学生的合作精神和集体主义精神，还能锻炼他们的人际交往能力和组织领导能力。

在体育艺术类项目教学中，讨论法是一种辅助教学方法，不要过度使用，教师要把握好讨论的时间和范围。

（二）以感知为主的教学方法

体育教师常常会利用学生的感知功能进行教学，这里的感知主要是指视觉和听觉，因为在运动实践中有大量的视觉参与环节，离不开眼睛的观察和耳朵的听觉参与。另外，由于借助感知的教学方法更加直观，因此在体育教学中颇受欢迎。以感知为主的教学方法主要有以下几种。

1.示范法

示范法是教师教授某个技术动作时，为了能让学生清楚地了解技术的动作要领，亲自做示范的教学方法。示范法的优势是直接快速地向学生展示动作特点和技术要领。示范法还会因教师流畅的动作示范而成功激发学生的学习兴趣。

2.演示法

演示法是指教师通过各种教学工具向学生直观呈现技术动作，通过增强学生的感性认识而提高学习效率的一种方法。演示法可以理解为是示范法的延伸，是教师无法示范或示范无法达到预期效果时采用的一种教学方法。

（三）以练习为主的教学方法

1.分解练习法

分解练习法就是将完整的动作分解为若干简单动作，从而逐一练习的方法。一方面，从技术难度的角度看，通过分解动作可以降低技术难度，便于学生掌握；另一方面，从心里接受的角度看，也提高了学生的学习信心，避免学生因畏难心理而退缩。在具体的教学实践中，应该注意分解的科学性与合理性，分解应以不破坏原有动作的结构为原则。一般在成套动作教学中，先分解成单个动作进行教学，然后过渡到组合动作，最后进行完整的套路练习。这样能够将复杂的技术具体化、简单化，让学生针对每个环节进行练习，直到最终能够掌握一套完整的动作。

2.完整练习法

完整练习法是与分解练习法相对的，是指对整套动作进行完整性的练习。完整练习法适用于一些难度低，易于学生在脑海中形成完整动作概念的动作教学中。

3.领会练习法

领会练习法是指通过语言、文字、图片或视频等多种信息传递方式来讲解或示范动作，目的是帮助学生对所学技术动作形成一个概括性的认识。这种教学方式是在学习一个新动作之初就把该动作的所有特征都展示给学生，有助于学生从整体上认识和了解新授技术，从而对接下来的学习和练习有了大致的了解。一方面，这可以激发学生的学习兴趣；另一方面，学生可以根据概括性的认识判断自己学习该技术的难度有多大。

三、体育艺术类项目教学方法的合理选择

由于体育教学方法种类繁多，再加上现代教育技术的不断应用，不断

有新的体育教学方法被开发和运用。在体育艺术类项目教学过程中，为了达到最佳教学效果，需要针对不同教学目标和教学内容选择不同的教学方法。具体而言，在体育艺术类项目教学中要参考以下依据灵活选择教学方法。

（一）根据教学内容的特点选择

不同的教学内容之间可能存在着很大的差异，因此要选择不同的教学方法才能很好地实施教学。比如，在教授较复杂的健美操套路动作时，可以选择分解教学法；进行连贯性较强且动作较短促的组合动作的教学时，可选择完整教学法；对于技术要求较严格的教学内容，可以选择领会教学法。因此，根据教学内容选择教学方法是教学中最为常见的情况。

（二）根据学生的情况选择

在选择教学方法时，根据教学主体的实际情况来选择也是十分重要的依据之一。选择最贴近学生当前实际水平的教学方法，要考虑该方法是否符合学生的发展特点、是否有利于学生的理解和接受等情况，包括参考学生的年龄、身体情况、心理承受能力以及智力水平等实际情况进行选择，确保所选教学方法的功效能够在教学对象身上得到最大化发挥。

（三）根据教师的情况选择

作为教学方法的实施者，教师的自身情况决定着教学方法的实施效果。再好的教学方法，如果由于教师自身条件和能力有限，则必然影响该方法发挥功效，这时采用再好的方法也是徒劳。教师的自身素养对选择教学方法也具有决定性的影响。因此，从教师自身出发是选择教学方法的重要依据之一。比如，如果教师思维敏捷和语言表达能力强，那么在同等条件下可以优先选择"讲述法"；而运动技能较强的教师，可以多选择"演示法"和"示范法"。当然，根据教师自身的情况选择教学方法，其排序要在以上两种依据之后，即必须在符合教学内容特点以及学生实际情况的基础上再考虑教师自身的实际情况。

（四）根据教学时间和效率选择教学方法

每一种教学方法的选择都会涉及教学效率的问题。因此，在选择教学方法时要选择能够获得最佳教学效果的方法。一种最佳的教学方法应该同时满足教学目的、教学内容、教学主体以及教学效率的完美匹配，最终实现教学效果的最优化。

在体育艺术类项目教学中既可以应用体育教学的一般方法，也可以从各项目的特点和教学对象的实际情况出发设计专门的教学方法，不管是一般体育教学法，还是特别的教学法，每种方法都有自己的优势，也有自己的不足，在教学实际中往往会用到多种不同的教学方法，而将不同的方法组合在一起运用便会产生不同的教学效果。为了提高与优化体育艺术课程教学效果，要从教学目标、教学内容、师生情况、具体需要及其他实际情况出发来加强对不同教学方法的有机整合与优化组合。

第三节　体育艺术类项目教学的模式构建

一、传统教学模式的改革

（一）传统教学模式改革的必要性

体育艺术课程教学中采用的教学模式主要是一些传统体育教学模式，如运动技能传授模式、小群体教学模式等。在应试教育时期，这些传统体育教学模式所发挥的作用是毋庸置疑的。但在新时期，随着社会环境的不断变化和教育改革的日益深化，传统体育教育模式的缺点逐渐暴露，亟须改革。传统体育教学模式中存在一些条条框框，这限制了体育教师创造力和学生主观能动性的发挥，也导致教学组织实施整体比较单调，缺乏活力，不利于培养学生的学习兴趣，也限制了学生的个性发展。对此，必须加快改革传统教学模式，尤其是随着素质教育、健康教育、全面育人、体育核心素养、课程思政等教育理念的不断渗透，对学生兴趣、特长和综合素质的培养越来越受重视，改变传统的灌输式教学模式势在必行，通过改革，对学生多一些引导、少一些说教，向学生传授适合他们的学习方法和运动方式，使每名学生都能充分发挥自己的特长与个性，能在有限的课堂时间内有所收获，得到锻炼、提升和成长。

改革传统教学模式除了要改变传统的身体锻炼和教育方式，还要融入心理教育，身心教育合为一体，培养学生良好的道德品质，使学生成为有思想、有个性、有情感、有意志的人，能够自主学习，不断提升自己，实现全面健康和全方位发展。

对传统教学模式的改革与优化是促进体育艺术课程教学效率和质量提升的关键。在传统教学模式的改革中，要采取恰当的方式将之前的一些限制性条件转化为对教学有利的条件，尽可能走出条条框框的束缚，解放思想，拓展思维，大胆探索和创新。突破条条框框的约束并不意味着让学生毫无组织性、纪律性、目的性地"疯玩"，基本的课堂纪律是不可缺少的，在遵守基本课堂教学管理条例的基础上适当为学生提供更多的空间，并通过丰富教学内容、创新教学方法来调动学生的学习热情，营造良好的课堂氛围，促进学生学习效果的提升。

（二）传统教学模式改革的建议

1.依据体育艺术类项目的特点进行教学

在体育艺术课程教学组织过程中，教材作为桥梁和中介，将教师与学生联系起来，师生互动大都围绕教材展开，师生与教材之间相互作用，从而形成特定的课堂教学形态，也使课堂教学呈动态化的统一性。在动态变化的教学中，教师为完成教学任务、实现教学目标而有目的地选用一些课堂组织方式和教学方法，教师根据教材施教，学生按教师的节奏井然有序地学习。但体育教学的独特之处在于它没有特定的方法，任何教学组织形式、教学方法都会发生变化，它们的变化主要是随着教学对象、教学内容等教学因素的变化而变化的。因此，要根据体育艺术类课程的具体特点进行相应的教学，并接受课堂架构的多元化，对课堂结构的安排要系统化、合理化，要以课程类型、教学内容、教学组织形式以及学生实际情况为依据来不断调整与优化课堂结构。教师要灵活安排课堂结构，并能根据课堂教学任务和教学目标去充分发挥不同课堂结构的优势与作用，对课堂上的教学内容、教学方法都要做到心中有数，无论是安排教学内容还是选用教学方法，都要为实现课程教学目标服务。

2.实施健身教学模式

健身教学模式注重学生对体育活动的自主参与和积极参与，注重对学生运动兴趣、运动意识及终身体育习惯的培养。该模式的基本观点是引导学生参与体育运动，使学生保持对体育运动的兴趣，端正学生的运动态度，对能够促进学生身心健康、培养学生综合素质的体育活动进行探索，让学生通过参与活动增强体质，促进其健康成长。

将健身教学模式引入体育艺术课程教学中，具体操作过程中要明确相应的规则和要求，保证课堂秩序不混乱，引导学生的课堂行为更加规范。明确规则、要求和边界是体育教育管理的重点，这样可以减少管理的时间成本，将更多的时间用于指导学生的练习过程，促进学生身体素质的发展和运动能力的提升，培养学生的健康体魄和审美素养，让学生既遵守规则，也能享受运动的乐趣。

3.合理利用竞技教学模式

竞技教学模式相对来说是高标准、严要求的。将该模式引入体育艺术课堂中，与传统教学模式最大的不同在于课堂评价，即既要从技术层面评价学生的表现，又要对学生的课堂认知、学习态度及裁判意识进行培养。在体育艺术课程教学中构建与应用竞技教学模式，则强调运动技能的培养与提升，并注重培养学生的身体素质，即为掌握运动技能而必须具备的运动素质。此外，该模式还注重对学生实践能力的培养，使学生将课堂上掌握的技术技能运用到比赛中，取得优异的成绩。不仅如此，竞技教学模式还提出要培养学生的裁判意识，要求学生掌握各项目的裁判知识与规则，能够在比赛中学有所用。

二、创新性教学模式的构建与运用

（一）翻转课堂教学模式

翻转课堂一般被理解为课前安排、课堂学习任务和教学状态的改变，课前从自由安排时间转变为自主学习教学内容，课堂从教师讲授转变为学生讨论、分享观点和师生共同总结。在传统教学模式的改革中，翻转课堂教学模式作为一个比较成熟的创新性模式能够充分发挥示范作用。

1.翻转课堂的意义

翻转课堂对于学习者知识的掌握和教师能力的提升都有较大的影响力，具体意义体现在以下几个方面。

（1）提升课堂时间价值

在翻转课堂学习过程中，学习者在课下，跟随教师讲课视频学习，记录笔记，不理解的部分反复听，还可以借助补充资料查缺补漏、拓展学习内容。所以，学习者在进入课堂前已经基本掌握了课程内容，对于在课程视频中没听懂的地方做好笔记，在课堂提问、回答问题和研讨环节，也更有针对性地参与其中，使学习更有效率，课堂中比较注重解决课程中的疑难问题、巩固课程知识，或者加强课程知识的应用，课堂效率大幅提升。

（2）实现个性化学习

在翻转课堂中，学生的主体地位再次被强调，学生在学习过程中学习进度基本由自己掌控，自己安排学习节奏，整体比较轻松自在，不需要像在传统集体课堂教学中那样担心没有听清某个内容而时刻高度紧绷神经。在翻转课堂教学中，学生的学习时间、空间都比较自由，没有统一的要求和严格的限制，不管在家里，还是在宿舍，或者在自习室，都可以进行线上学习，学习环境比较自在，学习状态较为轻松。在线上学习中，学生可以自己控制音量、调整播放倍速，或者拖拉进度条，可以根据自己的学习情况直接跳过一些已经滚瓜烂熟的知识，在关键地方应按暂停键，通过认真思考，或查找资料来帮助自己理解和消化知识，在这个过程中，学生是主动建构知识的主体，能够有更多的收获。

此外，在翻转课堂教学中，学生主动提问的意识更强，积极性更高，可以向老师提问，也可以与同学讨论、交流，这样愉悦的教学氛围能够使学生作为学习主体真正参与教学活动，从而提高教学的有效性，真正解决学生的问题。

（3）使学习中互动更频繁

课堂互动频繁是翻转课堂教学主要的特点之一，也是其得以发展的一大优势，频繁的互动在师生之间和生生之间都能体现出来。

翻转课堂教学中，教师摆脱了传统体育教育模式中作为讲授者和灌输者的角色，而是作为学生学习的指导者发挥指导作用，这样一来，教师就不必花大量的时间去讲授教学内容，而将主要精力放在与学生的互动上，为学生答疑解惑，解决他们学习中的问题。学生小组在合作学习中也需要教师参与互动，对小组学习进行指导。为提高课堂指导效率，教师可以记录不同学生提出的问题，对于普遍性的问题，可以集中解答，对于个别性的问题，以个别指导为主，或者组织小组学习互助活动，让学习水平较高的学生为学习进度较慢的学生解答疑惑，这样可以促进同学之间的互动和交流，建立深厚的同学友谊，使课堂氛围更融洽。另外，教师也可以开设小型讲座来专门为有相同疑惑的学生答疑，这样可以帮助学生尽早解决问题，开始下一步的学习。

此外，教师用更多的时间为学生答疑解惑时，也能在课堂上对学生之间的沟通、交流、小组学习过程进行观察。学习小组的划分一般是教师精心安排的，或者是学生自愿组成的，学习小组的学习氛围一般是非常活跃、融洽的，既有平等的交流，也有激烈的争论，教师通过观察便能发现这种学习方式对学生来说何其重要，对提高课堂教学效果来说何其有效，这样教师便会对学生充满信心。

当学生意识到自己作为学习主体的角色和地位被教师重视，而且学习小组的合作学习成效得到教师的认可时，便会深刻地察觉到教师已不再是原来下达指令、灌输知识的"喂食者"，而是引导他们学习的重要人物，是不可缺少的指导者。教师为学生答疑解惑时，用平和的语气和民主的方式，使学生感到平等、亲切，这样学生便能丢掉刻板印象，积极主动地询问教师，与教师探讨问题，甚至对教师的解答提出合理质疑，师生在融洽的氛围中保持互动，解决学习上的问题，能够更好地促进学习任务的完成和学习目标的实现。而且，学生不会认为完成学习任务是一个艰难的过程，反而会因为与教师、同学的互动而感到轻松，从这个角度来看，翻转课堂教学过程显得更有意义，无论对教师还是对学生，都是很难忘的。

（4）提升教师的业务能力

翻转课堂教学对提升教师的业务能力具有重要意义，具体体现在以下几个方面。

第一，为了更好地开展翻转课堂教学，课程组教师要集体备课，集体完成教学过程的设计，尤其是要设计好教学内容，录制课程视频，在这个过程中，课程组的教师可以相互学习，相互交流经验，提高翻转课堂教学设计能力。

第二，教师要以学生为中心完成学案的编写，这有助于促进教师教学理念的更新和学案编写能力的提升。

第三，教师对翻转课堂教学的设计需要具备知识重构的能力，同时还要提升信息化素养，从而基于单元知识点去制作直观生动、准确精练的教学视频。

第四，在翻转课堂教学中，教师作为指导者和引导者要具备良好的实践指导能力和课堂管理能力，因而随着翻转课堂教学的实施与深入，教师这些方面的能力也能得到相应的提升。

（二）线上线下混合教学模式

1.体育线上线下混合教学模式概述

线上线下混合式教学模式是为了更好地完成教学计划，在人本主义学习理论和建构主义学习理论的指导下，基于线上工具和平台，以信息技术为手段，对教学资源进行整合和优化，将线上和线下的教学环境、教学时间、教学空间、教学方式、教学评价等进行混合，通过线上的直播、录播、慕课、文字加音频、线上互动研讨和线下面对面的课堂教学等多样的形式，师生之间交流互动，使学生掌握学习内容的教学活动程序。体育线上线下混合教学模式具有指向性、操作性、完整性、稳定性、灵活性等特点。

体育线上线下混合式教学模式的构建如图3-1所示。

2.体育艺术课程教学中线上线下混合教学模式的运用

在体育艺术课程教学中构建与实施线上线下混合式教学模式，要从以下几方面展开。

（1）合理分配线上线下教学时间

体育艺术课程教学是体育教学的重要内容，具有鲜明的实践性，实践课几乎都在室外操场或室内球馆进行，无论是在室内还是在室外教学，都属于线下教学，也就是以课堂教学为主。线上教学是线下教学的辅助模式，如在开始线下教学开始之前让学生利用多媒体设备进行课前学习，总结学生的问题，然后在线下教学时集中处理问题。在线下教学结束之后，也可以再次利用多媒体课件补充资料。以拓展或完善课堂教学，弥补课堂教学的不足。

相对来说，线下教学占用的时间多一些，线下教学时间以学校安排的体育学时为准，在课堂上要贯彻精讲多练的原则，为学生掌握运动技能提供充足的练习时间，使学生有更多的机会去学习和体验，这样课堂教学的作用才能够得到充分发挥。

线上教学时间虽然较少，但更为灵活，学生可以在课余时间完成线上学习，在学生自主进行线上学习的过程中，可以先将学生遇到的普遍性问题进行汇总，然后由教师在课堂教学中集中指导和解答，针对个别学生的个别问题，可以在学生自主练习环节为其提供指导与帮助。此外，当学生与教师同时在线时，学生也可以在线提问，教师实时解答，这样可以节约课堂教学的时间，将更多的时间留给重难点教学内容。

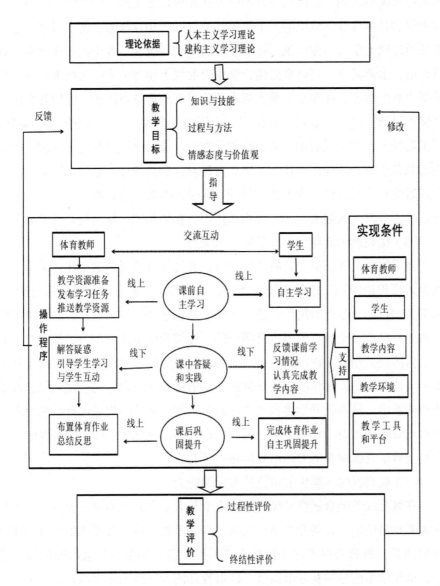

图3-1 体育线上线下混合式教学模式①

———————————

① 冯川.初中体育线上线下混合式教学模式研究[D].阜阳师范大学，2022.

（2）做好线上线下教学的衔接

关于线上线下混合教学模式可以这样理解，通过线上学习的方式完成课前预习和课后巩固，通过线下教学的方式完成最重要的课中教学。课前、课中和课后是体育教学组织的三个重要环节，三者相互联系、密不可分。学生在课前以线上学习的方式预习将要学习的知识与技能，课中教师在课堂上进行讲解、示范教学，同时也要结合学生课前线上预习的实际情况来安排与调整课中教学进度，在课堂上重点解决学生遇到的重难点问题。课后的巩固与延伸也是通过线上完成的，具体需要巩固哪些内容，在哪些方面需要延伸，要根据课中教学情况而定。线上的课前预习、课后巩固都与线下的课中教学内容息息相关，这样线上教学才更具有针对性和目的性。总之，线上线下混合式教学并不是随便将线上教学与线下教学拼凑在一起，而是要根据教学目标将二者合理衔接起来，使二者相互作用、相辅相成，从而提升教学效果。

（3）提高教师制作线上教学资源的能力

在采用线上线下混合式教学模式时，要做好备课环节的工作，无论下节课要讲授理论知识，还是传授运动技能，教师都需要备课，搜集相关资料，根据教学目标、学生情况等，进一步加工制作这些搜集的资料，经过加工的资料更有条理，重难点内容也是明确的，能够为学生课前预习、课中学习和课后巩固提供指导。教师要具备一定的线上教学资源制作能力，要善于从学生的兴趣爱好出发制作线上教学资源，并能将重难点内容充分融入线上教学资源体系中，从而提升学生自主学习的积极性，并使学生通过有效的课前预习对重难点内容有一定的了解。因此，在教师信息化教学能力的培养中，关于线上教学资源制作能力的培养绝对不可忽视。

（4）提高教师与学生的信息技术运用能力

在线上线下混合式教学模式中，线下教学基本就是面对面教学，线上教学主要是借助电子设备和网络去完成。在线上教学中，教师和学生分别在网络的两端，教师要善于操作网络电子教学设备，为学生传输准确的教学信息，确保学生能够顺利获取信息，这对教师的信息技术运用能力提出了一定的要求。例如，进行直播教学、为学生推送教学资源、检查学生的课后巩固学习情况等，都需要体育教师熟练操作信息技术。同样，在网络另一端的学生也要学会熟练运用电子学习设备，利用信息技术手段获取自己需要的学习资源或教师传送的课件。只有教师和学生都具备良好的信息技术运用能力，线上教学才能顺利进行，教学效率和效果才能有所保障，线上教学才能充分发挥作用，更好地服务于线下教学。

（三）"动机—四性"教学模式

在体育艺术课程教学中，学生的动机水平直接决定其运动行为的选择、实施及保持。培养与提高学生的学习动机和运动参与动机非常重要，在体育艺术课程教学中教师应将激发学生的动机作为重要任务而重视起来。如果能成功激发学生的学习动机，提高学生的运动参与兴趣，那么在教学中将取得事半功倍的效果。

在体育艺术课程教学中认识到培养学生学习动机与运动参与动机的重要性后，要安排丰富有趣的教学内容，使学生能根据自身情况自主选择，发挥自己的主体性。基于这一认识，有学者构建了"动机—四性"教学模式，其中"四性"包括健身性、趣味性、竞争性以及选择性。实施该模式，能够培养学生的身心健康素质，增强学生的竞争意识与竞争力，丰富学生的情感体验，充分发挥学生的自主性。在该模式下进行教学内容的设置时，要体现对不同等级或不同级别班学生（根据学生实际水平划分）的不同要求，根据不同等级学生的实际水平而确定有层次性和级别性的教学内容，并注意从初级到中级的教学内容的过渡性、层次性与连贯性。对不同级别学生采用不同的教学内容与方法进行教学，教材要有难易之分，要尽可能选择实用的教材和教学内容。

在"动机—四性"教学模式下将体育艺术类项目教学过程划分为四个环节，第一环节是诊断，该环节主要采用讲解法与示范法教学，学生主要进行思考性学习；第二环节是引导，以教师指导与帮助为主；第三环节是互动，强调师生交流，教师及时指出学生的错误并帮助改正，第二与第三环节学生以合作学习为主；第四环节是竞赛，通过竞赛的形式考评学生的学习情况，学生主要进行对比学习，这一环节能够培养学生的团队意识与竞争能力。"动机—四性"教学模式的实施程序如图3-2所示。

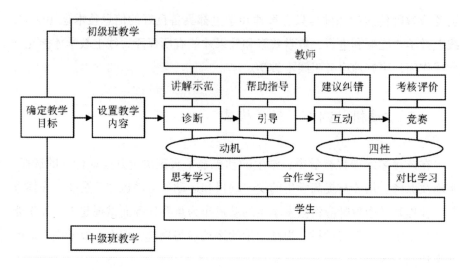

图3-2 "动机—四性"教学过程①

　　在体育艺术课程教学中采用传统教学模式虽然也能达到教育目标，完成教育任务，但是教育效果却并不令人十分满意。传统教育教学模式对所有学生都提出了统一的要求，忽视了学生的个体差异，包括体质差异和运动能力差异，而且也不重视学生自主选择的权利，学生没有空间发挥主动性，被动学习的效果并不理想。"动机—四性"教学模式基于对学生个体差异的考虑而进行分级教学，在教学中教师要做好正确的演示或示范，在示范中配合讲解，对各体育艺术类项目技术动作的特点和规律进行讲解与分析，使学生对所学技术的知识信息有直观的认识与了解。学生在练习时，可以自主练习，如基本动作练习、个人成套动作练习，也可以与同学一起进行团体操或团体舞练习，教师也可以安排集体分组练习。在学生自主练习或小组合作练习时，教师为学生提供关于练习内容与练习方法的自由选择空间。对于练习方法的设计与选择，教师要给予指导与帮助，学生在教师的引导下重复练习，直至达到熟练程度。经过一段时间的教与学，教师组织简易比赛来考查学生

① 沈浙.以发展学生身体健康素质为培养目标的体育教学模式的研究与实践[J].运动，2014（06）：35-36，115.

的技能掌握情况，并客观评价学习成果，及时反馈和改进教学。

　　"动机—四性"教学模式充分尊重学生的个性，为学生发展个性与自主学习提供了自由空间与良好平台，使学生通过自主学习、选择式学习、合作学习来发挥能动性，培养合作能力与竞争力，帮助学生增强自信，这对促进学生身心健康具有重要意义。

第四节　体育艺术类项目教学的安全保障

一、营养补充

（一）热能平衡和能量供应系统

1.热能平衡

　　能为人体提供热量的主要是身体中的糖、脂肪和蛋白质，我国的饮食结构以碳水化合物为主食，因此我国饮食的主要热量来源是糖类，大概为身体提供60%～70%的热量，而脂肪和蛋白质分别为身体提供17%～20%和13%～14%的热量。如果没有及时为身体补充能够提供热量的三大营养素，身体就会动用体内储存的糖、脂肪和蛋白质为身体提供热量，长期消耗这些营养素而补充不足就会导致人体出现营养不良的情况。但是热量摄入过多同样对人体有害，过多的热量会被转化成脂肪堆积在身体中，容易使人过度肥胖以及带来其他的一系列疾病。当今社会热量摄入过量的问题已经成为一个普遍问题，因此参与体育艺术类项目一定要注意饮食健康，防止摄入过多的热量。

2.能量供应系统

　　能量供应系统包含有氧代谢系统和无氧代谢系统两种，由哪种系统供应能量主要取决于运动的强度和形式。运动时间比较长、运动强度比较小的运动一般是有氧运动，即运动时人体摄入的氧气能够满足身体的氧气消耗，该运动主要由有氧系统供应能量；运动时间比较短、运动强度比较大的运动一般是无氧运动，即运动时人体摄入的氧气无法满足身体的氧气消耗，该运动主要由无氧系统供应能量。体育艺术类项目主要是有氧运动，一般是由有氧系统向身体提供能量，但是在做一些强度非常大的瞬时动作的时候，也会出现无氧系统供应能量的情况。

（二）膳食营养

1.营养需求

参与健美操、体育舞蹈、街舞等项目会消耗大量的身体能量，因此在运动之后需要及时进行能量补充，除了补充常规的营养之外，还需要针对运动消耗的情况对一些特定的营养物质进行补充。

首先，运动时身体消耗的氧气量会增多，因此体内需要保持充足的呼吸酶和血红蛋白的含量，也就是需要为身体提供更多的蛋白质、铁元素、维生素B和维生素C。其次，为了加强肝脏的脂肪代谢，可食用蛋氨酸含量较多的牛奶和奶酪。最后，运动对身体的肌肉含量和肌肉力量、肌肉的爆发力都是有一定要求的，所以在运动时一定要非常注意蛋白质的补充，可以通过进食鸡蛋、牛奶以及各种肉类为身体补充足量的蛋白质。

2.营养补充

（1）碳水化合物补充

碳水化合物是人体主要的能量来源，对于体育艺术类项目参与者来说，合理的碳水化合物摄入能够提供充足的能量，保证学习和锻炼的顺利进行。因此，可以选择复杂碳水化合物和简单碳水化合物作为能量补充。复杂碳水化合物如全谷物、蔬菜和水果，能够为人体提供持久的能量；简单碳水化合物如糖、蜂蜜和果汁，能够迅速为人体提供能量。

（2）蛋白质补充

蛋白质是身体修复和增长的重要营养素。参加体育艺术类项目时，需要摄入足够的高质量蛋白质来维持肌肉生长和修复。优质蛋白质来源包括鸡肉、鱼肉、牛肉、豆类和奶制品等。此外，还需要注意蛋白质的摄入量，确保摄入足够的多肽和氨基酸，以支持肌肉的生长和修复。

（3）脂肪补充

脂肪在饮食中同样具有重要地位。根据需要摄入一定比例的优质脂肪，如橄榄油、鱼油和坚果等，可以保证身体的正常运作。优质脂肪能够为人体提供能量，同时保持正常的生理功能。需要注意的是，要控制脂肪的摄入量，避免摄入过多导致体重增加。

（4）微量元素和矿物质补充

在体育艺术类项目学练中，身体会大量消耗矿物质和微量元素。因此，要特别需要关注这些营养素的补充。钙、铁、锌、镁等矿物质对于维持身体机能至关重要。可以通过食用富含矿物质的食物，如绿叶蔬菜、豆类、坚果、奶制品和肉类等，来补充这些营养素。此外，还可以根据需要服用矿物质补充剂，以确保身体所需的营养素充足。

（5）水分补充

水分对于参与体育艺术类项目的人来说至关重要。在教学和练习中，人体需要保持机体水分平衡，以保证身体机能的正常运作。在运动前、运动中和运动后都要适量补充水分。此外，还可以选择含有电解质的饮料，以补充因出汗而丢失的电解质。

总之，在体育艺术类项目学练中要关注营养补充，合理摄入碳水化合物、蛋白质、脂肪、矿物质和水分等营养素，以维持身体健康，提高运动表现。在运动过程中应注意调整饮食结构，确保各类营养素的充足摄入。此外，根据个人需求，可以适当服用营养补充剂，以保证身体在运动中发挥最佳水平。

3.食物选择

（1）选择高生物价值的食品

高生物价值的食品是指天然食品或者是由天然食品的成分专门制成的混合食品，这类食品中含有大量的维生素、矿物质和其他有益物质。科学研究证明，经常食用高生物价值食品对于运动后的身体恢复，体内的水、汗、盐分调节，体温调节，降低身体脂肪、增加身体肌肉等都有非常积极的作用。

高生物价值食品的种类非常多。在自然界中，蜂蜜、蜂胶等，都被认为是具有非常高的生物价值的食品，人们平时吃的各种奶制品也属于高生物价值食品的范畴。

（2）选择能够促进脂肪消耗的食物

超重和肥胖问题是困扰现代人的一个常见问题，许多人也将减肥作为参与体育艺术类项目的一个重要原因，而运动时配合合理的饮食才会让运动的效果事半功倍。在以减肥塑形为主要目的的健美操、体育舞蹈等的锻炼中，可以多选择一些能够促进脂肪消耗的食物，如各种富含纤维、维生素、微量元素物质的水果、蔬菜等。这些食物能够促进人体的新陈代谢，对于促使脂肪消耗具有重要的作用。除了蔬菜、水果，各种豆制品和乳渣、鱼类也是能够促进脂肪消耗的食物。豆制品相对各种肉类，具有既能为身体提供大量的蛋白质，又不会带给身体大量脂肪的优势。乳渣能够以其独特的氨基酸分子式为身体消耗多余的脂肪，而鱼类能够靠其自身携带的脂肪酸达到分解脂肪的目的。

二、消除运动疲劳

在较长时间或较大负荷的身体活动中，人的身体机能、机体工作能力可能会暂时性降低，这时基本可以判定机体处于疲劳状态。一般的疲劳只是暂时的，在休息或采取其他干预手段后，疲劳症状会逐渐消失，机体工作能力将恢复到活动前状态。当身体出现疲劳信号时，主观上会感觉到身体不适，客观指标测试结果也会显示异常，这时人们要清楚，机体承受的负荷已经比较大了，必须停止继续给机体施加负荷，而如果依然采用之前的负荷强度，甚至增加负荷，那么身体会陷入过度疲劳状态，将影响身心健康。疲劳是一种保护性生理反应，它在提示人们当下机体承受的负荷足够大了，不能再继续加大负荷了，如果违背规律而出现过度疲劳，那么普通的生理现象就可以演化为病理现象。

参加健美操、啦啦操、体育舞蹈等体育艺术类运动时，由于时间较长，运动负荷达到一定程度时，产生运动性疲劳是在所难免的。运动性疲劳只是机体的生理过程不能维持其机能在某个特定的水平上或不能维持预定的运动强度。运动性疲劳往往伴随着体内能量元素的减少，同时也伴随着肌肉用力顺序的紊乱、神经刺激传导过程无序和混乱，也就是机体相关联结紊乱，这时身体机能水平和机体活动能力明显下降。运动性疲劳具有以下特点。

（1）由运动引起，既包括身体疲劳，也包括心理疲劳。从疲劳发生的部位来看，可能是整体疲劳，也可能是局部疲劳。从身体机能来看，不同身体系统都有出现疲劳的可能，如呼吸系统、心血管系统等都有可能疲劳，有时也表现为肌肉的疲劳，如骨骼肌疲劳。

（2）出现疲劳后，疲劳部位的功能会暂时性下降。

（3）人体出现疲劳后会自感不适，如心跳加速、呼吸不畅等，而且测试一些客观指标，如心率、血压等，结果往往也是异常的。

（4）身体机能水平的下降是暂时的，结束运动后，经过合理补充营养、充分休息等方式可以自然而然地消除疲劳。

发生运动疲劳属于正常的生理现象，但在运动中要防止出现过度疲劳，运动结束后也要及时采取措施进行疲劳干预，快速消除疲劳。常见的疲劳消除方法有以下几种。

（一）合理补充营养

学生在体育艺术类运动中出现疲劳症状时，在结束运动后要通过合理补充营养来消除疲劳，促进身心恢复。科学合理地补充营养，有助于使学生的产能反应得到改善，促进机体内环境维持稳定状态，使机体疲劳症状尽快消失，使体力恢复到运动前的正常状态。运动结束后的营养补充以常规营养素为主，如蛋白质、糖、电解质、维生素、矿物质等。有时也可以通过补充酸性盐类、碱性盐类、强壮食品等达到抗疲劳的效果。

需要注意的是，在运动中会因出汗而导致机体水分大量流失，这样很容易引起疲劳，严重时也会出现脱水现象，所以不管在运动中还是运动后都要注意饮水。运动中饮水不能以口渴为信号，如果在口渴后才饮水，此时机体缺水已经达到一定程度了，这会严重影响身体活动能力，增加损伤的发生率。所以，学生在跳舞或跳操时要适时饮水，而不应该等到口渴时才饮水。运动结束后也要及时补水，以补充机体流失的水分。

（二）做必要的整理活动

为促进疲劳的消除，快速恢复体力，在课堂的结束部分为学生安排必要的整理活动也是非常重要的。肌群伸展练习、呼吸体操、慢跑等都是对恢复体力有很大帮助的整理活动，尤其是伸展练习，不仅可以缓解疲劳症状，促进体力恢复，还能使肌肉痉挛症状得以消除，促进肌肉血液循环的改善，并降低运动损伤的发生率。

（三）进行活动性休息

学生在做必要的整理活动之后，可以衔接一些活动性休息的内容。活动性休息以轻微运动为主，它和完全坐着或躺着不动的休息是对应的。进行活动性休息可以快速排除体内的乳酸，对促进机体血液循环很有帮助。一般来说，散步、慢跑、变换活动部位等都是课堂结束部分可选择的活动性休息方式。

（四）睡眠

对任何人来说，消除疲劳、恢复体力都需要良好的睡眠。当人处于睡眠状态时，神经系统的兴奋过程降低，机体分解代谢处于最低水平，合成代谢处于较高水平，从而有助于积蓄能量，为第二天的身体活动做好能量准备。学生在跳舞或跳操后，当运动量累积到一定程度时，要保证充足的睡眠。

（五）持续静力牵张练习

持续静力牵张练习（牵拉练习）具有消除肌肉疲劳、促使肌肉放松、缓解肌肉迟发性酸痛的效果。牵拉练习的这一效果已经得到了科学研究的证明，有关研究显示，在进行肌肉牵拉练习时做肌电图测定，结果显示静力性牵拉练习开始时肌肉放电明显，表明肌肉处于疲劳性痉挛状态。当牵拉至适当程度时，则肌肉呈电静息状态，表明肌肉痉挛症状得以缓解甚至消失。可见，运动结束后做持续静力牵张练习有助于消除肌肉酸痛症状，缓解肌肉痉挛，促进肌肉功能的恢复。

三、运动损伤与防治

（一）发生损伤的原因

1.准备活动不合理

体育艺术类项目中有大量复杂多变的成套动作，难度较大，学生参与其中需要全身各部位协调运动，这要求学生具备良好的身体机能和身体素质，并在运动前通过热身准备活动使身体组织器官"热"起来，如果忽视了热身环节，就容易在较大强度的运动中发生运动损伤。

2.场地因素

学生参与体育艺术类运动时要做大量的专门动作，其中不乏地面动作，为了保护与地面直接接触的身体关节，要求训练场地不能过硬和湿滑，也不能坑坑洼洼，否则会对学生正常完成动作造成阻碍，并可能导致学生摔倒受伤。所以说，场地因素也是学生在跳操或跳舞时发生损伤的主要原因之一。

3.技术不规范

在体育艺术课程教学中要预防学生受伤，就必须保证学生的技术动作准确，身体姿态规范，如果身体姿态控制不当，或动作连接不协调等，那么就很容易受伤。

（二）常见损伤与处理

在体育艺术类项目学练中，常见的运动损伤包括擦伤、挫伤、肌肉拉伤、踝关节扭伤等，发生损伤后要做好应急处理，将损伤带来的影响降到最小。下面分析学生在体育艺术课程学习中一些常见运动损伤的处理方法。

1.擦伤

（1）原因

不小心摔倒之后，皮肤摩擦到了地面。

（2）症状

皮肤没有破裂，但是表面有破皮损伤，可能会有血或者组织液从破损皮肤中渗透出来。

（3）处理方法

首先，先用生理盐水对皮肤破损处进行清洗，防止伤口上沾染灰尘、杂质等；其次，在伤口处涂抹碘酒或者酒精，进行消毒。切记要将处理好的皮肤伤口暴露在空气中，防止因为不透气包扎导致伤口感染。

2.挫伤

（1）原因

因为不小心和器材或者和其他学生相撞导致。

（2）症状

皮肤下面有出血的情况，相撞处皮肤红肿或者淤青；内脏因为撞击受到损伤，出现头晕恶心、胸闷气短、四肢发凉等症状。

（3）处理方法

在伤势较轻，只有轻微皮下出血的情况下，可以对伤口处进行冷敷、加压包扎、外敷中药等处理，还可以对伤口处的皮肤进行按摩；对于内脏损伤的情况下需要及时送医治疗，后期按照医生的嘱咐进行相关的恢复训练。

3.肌肉拉伤

（1）原因

准备活动不充分：动作不协调；肌肉力量、肌肉弹性、肌肉的伸展性等功能较差。

（2）症状

受伤处的肌肉出现肿胀、酸痛、肌肉痉挛等症状；严重的时候还可能会有肌肉撕裂的情况。

（3）处理方法

在伤势较轻的情况下进行伤口冷敷、加压包扎，并随时将伤处置于较高的位置，伤势得到缓解之后可以进行理疗或者按摩；伤势比较严重的情况下，先在第一时间对伤者伤口进行加压包扎，之后立即送医治疗。

4.踝关节扭伤

（1）原因

未做好充足的准备，突然开始动作；起跳落地之后身体没有保持平衡。

（2）症状

伤口肿胀、疼痛，韧带损伤处会觉得压痛，可能会有皮下出血的情况。

（3）处理方法

通过冷敷、按摩、外敷中药等方式为伤处止痛消肿；伤好后按照科学的方式进行恢复训练。

5.骨膜炎

（1）原因

在做踢腿、跑步、开合跳等动作的时候，落地时没有做好充足的落地缓冲；屈肌群承受的负荷过度；腱鞘受到过度的摩擦或者挤压。

（2）症状

不太明显的疼痛，按压骨头处可以找到疼痛的位置。

（3）处理方法

伤势较轻的情况下可以对疼痛处进行包扎；伤势比较严重的情况下可以用温水沐浴治疗，再进行按摩、理疗等。

（三）运动损伤的预防

1.损伤预防原则

（1）树立安全意识

学生在体育艺术项目学练中一定要提升自己的安全意识，尤其要提升预防运动损伤的意识。教师在教学指导中也要加强预防运动损伤的教育工作，让学生充分意识到自我保护和预防运动损伤的重要性。除此之外，还要加强运动防护技能的培养，提高学生的自我保护能力。学生只有掌握了科学的运动防护技能，才能在技能学练过程中有效预防运动损伤。

（2）合理安排负荷

在体育艺术课程教学中要注意合理安排运动负荷，合理的运动负荷能极大地降低运动损伤发生的概率，确保运动安全。如果运动负荷过大就容易导致运动损伤。但是，也不能为了预防学生受伤而一直采用小负荷练习方式，这不利于良好教学效果的获得。应根据学生的实际情况和运动目的而循序渐进增加运动负荷，但要在学生能够承受的范围内调整负荷。

（3）全面加强锻炼

全面加强锻炼主要是指促进身体素质的全面发展。学生在体育舞蹈、健美操等运动中发生运动损伤，多数情况下主要是身体素质水平较低造成的。因此，全面提升各项身体素质是预防运动损伤的重要原则和方法。学生要加强体育训练，各项身体素质都要训练，促进身体素质全面协调发展，从而整体提升身体素质水平。

（4）严格进行医务监督

医务监督是预防运动损伤的重要手段。必要的医务监督有助于教师及时发现学生的身体不适状况，实现早发现、早处理的目的。除此之外，还要注意检查教学场地与器材，防患于未然。

（5）灵活调整教学计划

当学生在课上出现严重疲劳时，教师要及时调整教学计划，以免学生疲劳继续加重而导致损伤发生。对教学计划进行调整，主要是调整教学内容、方法和运动负荷，以降低难度、减少频率、减轻负荷为主，以促进身体的恢复。当学生疲劳症状消失，身心机能恢复正常时，可继续执行原来的教学计划，但要注意预防损伤。在伤后的恢复性练习中，也要制订相应的恢复训练计划，旨在促进受伤组织的恢复。

2.损伤预防措施

在体育艺术课程实施中，学生采取一定的预防措施能有效降低运动损伤发生的概率，以下预防损伤的措施和手段可供学生参考。

（1）调整好身心状态

学生在实践课上有时会因为个人身体状态、情绪、运动水平、已有经验以及精神状态等因素的影响而使身体机能和心理素质发生生理变化和心理变化。越是强度大的实践课，变化就越显著。运动前这种身体和心理上的变化统称为运动前状态。实践证明，运动前状态会影响正式运动的过程及运动训练的效果，这种影响既有积极的影响，也有消极的影响。需要注意的是，运动前不管神经系统兴奋性很高还是很低，都不利于后面的运动过程，都会制约运动效果。例如，当兴奋性很低时，常见表现是兴趣低下，情绪不高，态度冷淡，这样运动能力也会下降；兴奋性很高时，常见表现是紧张到失眠，心情急躁，影响食欲，这样必然对运动中的发挥不利。运动前不管是过度兴奋，还是兴奋度较低，都和心理因素的影响有关，为了防止不良心理影响大脑神经状态，进而影响运动安全及效果，学生应在运动前调整好身心状态，如出现明显疲劳、感冒等不适症状，或者精神、心理受到严重刺激，要及时解决和处理身心问题。在身体和心理恢复初期，宜选择强度较小的练习内容，随着身体和心理状态的进一步调整与逐渐恢复，再逐渐增加运动强度，渐渐提高运动效果。

（2）加强力量训练

力量素质是其他各项体能素质的基础，具有非常重要的作用。学生具有良好的力量、协调力和耐力，对在参与体育舞蹈、健美操等运动中预防运动损伤具有非常大的帮助。身体力量占优的学生往往发生损伤的概率相对低一些。由此可见，学生在准备阶段一定要高度重视力量素质训练。

（3）注意体格检查

在有组织性的教学活动中，教师要注重对学生体格的检查，从而充分了解学生的身体状况，制订出科学合理的运动方案，这样才能有效预防和避免运动损伤。

（4）维护良好的运动环境

学生参与体育艺术类运动，需要在良好的环境下进行，这对预防运动损伤也具有重要意义。因此，在日常教学中，教师要关注教学场地的卫生及其他环境问题，防患于未然。

（5）重视热身准备

学生在运动前做好充分的准备活动，可以有效预防运动损伤，还能延迟疲劳出现的时间，并促进练习效果的提升。热身准备活动具体由下列几个部分组成。

①一般性准备活动。活动内容包括快走、慢跑等，时间为10分钟左右，通过简单热身，使身体预热，微微出汗。

②伸展练习。身体主要肌肉群做静态性伸展练习和被动伸展练习，时间大约10分钟。

③动态伸展。做原地伸展练习和移动中伸展练习，时间大约10分钟。

（6）运动后注意拉伸与放松

运动后做一些拉伸与放松练习主要是为了消除疲劳，促进身心机能恢复正常水平，并预防在下次运动中受伤。拉伸练习属于柔韧性练习，通过牵拉肌肉，不仅能改善肌肉的弹性和灵敏性，还能使运动感受器更加敏感，促进运动感知觉能力的提升，进而促进应激能力的改善。

第四章
健身健美操技能教学与产业化发展研究

健身健美操是典型的有氧健身运动，也是塑形健美的运动项目之一，它将体操、音乐、舞蹈融为一体，具有健、力、美的内涵与特征。健身健美操运动对增强体质、塑形美体、陶冶情操、提高审美素养以及促进身心协调发展具有重要意义。本章主要对健身健美操技能教学与产业化发展进行研究，首先分析健身健美操的基础知识，然后分别对健身健美操基本动作教学、成套动作教学进行实践研究，最后结合全民健身背景探讨健身健美操产业的发展策略。

第一节　健身健美操基础知识

一、健身健美操的概念

健身健美操是健美操最基础的形式，是一种同时具备娱乐和健身功能的健美操形式，动作一般比较简单，适合大部分人群，因此也被称为"群众性健美操"。

健身健美操的概念为：健身健美操是以身体锻炼为基本手段，跟随着音乐的伴奏进行的一种增进身体健康、愉悦身心的体育健身运动项目。

二、健身健美操的分类

健身健美操的分类主要可以归纳为徒手健美操、器械健美操和特殊场地健美操三种类型。

（一）徒手健美操

徒手健美操是最为常见的健美操类型，这类健身健美操基本没有对场地和器械方面的要求，具有简单易学、可操作性强、安全系数高等特点，受众范围广大。徒手健美操作为一种有氧运动，能够很好地锻炼人们的心肺能力和有氧代谢能力。现在，徒手健美操还演变出了很多不同的形式，如有氧健美操、拉丁健美操、搏击健美操、健身街舞、有氧舞蹈等，多种形式的徒手健美操满足了人们的个性化需求。

（二）器械健美操

器械健美操是一种发展迅速、正在被越来越多人接受的健美操类型。这种健美操利用轻器械来完成，可以达到更为精准有效的肌肉锻炼效果，非常适合有增强力量需求的人练习。例如，要锻炼上肢力量的人可以选择常见的哑铃健美操，锻炼下肢力量的人则可以选择踏板健美操。器械健美操迎合了现代健身理念中"增肌"的概念，所以能够在众多形式的健美操中脱颖而出。

（三）特殊场地健美操

特殊场地健美操是一种新流行起来的健身健美操类型，其最大的特点就是运动环境特殊，比较常见的是在水中进行的水中健美操。目前，水中健美操在国外比较流行，多用于肥胖人群减肥和运动不便人群康复训练等。特殊场地健美操因为场地受限的原因，短时间内大范围流行起来的可能性较小。

　　健身健美操的种类丰富，类型远不止以上三种。根据不同的标准，可以划分不同的类型，分类方式如图4-1所示。

　　　　　　　　　　　　　　　　　颈部健美操
　　　　　　　　　　　　　　　　　肩部健美操
　　　　　　　　　　　　　　　　　手部健美操（手腕、小臂、肘关节、上臂）
　　　　　　　　　　　按人体解剖部位分　胸部健美操
　　　　　　　　　　　　　　　　　腰腹健美操
　　　　　　　　　　　　　　　　　髋部健美操
　　　　　　　　　　　　　　　　　腿部健美操（踝关节、小腿、膝关节、大腿）

　　　　　　　　　　　　　　　　　形体健美操
　　　　　　　　　　　　　　　　　姿态健美操
　　　　　　　　　　　按目的任务分　节奏健美操
　　　　　　　　　　　　　　　　　减肥健美操
　　　　　　　　　　　　　　　　　医疗保健健美操

　　　　　　　　　　　　　　　　　徒手健美操
　　　　　　　　　　　按练习形式分　持轻器械健美操（哑铃、球、橡皮带、棍）
　　　　　　　　　　　　　　　　　专门器械健美操（踏板、圆盘、体操垫、健身器）

　　　　　　　　　　　按性别分　男子健美操
健身健美操　　　　　　　　　　女子健美操

　　　　　　　　　　　　　　　　老年健美操
　　　　　　　　　　　　　　　　中年健美操
　　　　　　　　　　　按年龄分　青年健美操
　　　　　　　　　　　　　　　　少儿健美操
　　　　　　　　　　　　　　　　幼儿健美操

　　　　　　　　　　　　　　　　单人健美操
　　　　　　　　　　　　　　　　双人健美操
　　　　　　　　　　　按人数分　三人健美操
　　　　　　　　　　　　　　　　六人健美操
　　　　　　　　　　　　　　　　集体健美操

　　　　　　　　　　　　　　　　　迪斯科健美操
　　　　　　　　　　　　　　　　　搏击健美操
　　　　　　　　　　　按人名、动作特色区分　简·方达健美操
　　　　　　　　　　　　　　　　　瑜伽健美操
　　　　　　　　　　　　　　　　　仿生术健美操

图4-1　健身健美操分类[①]

① 廖丽琴，傅超.健身健美操[M].长春：吉林大学出版社，2016：13.

三、健身健美操的特点

现代健身健美操运动在长期的发展与演进中形成了自身的独特性，下面简单分析健身健美操的几个基本特点。

（一）广泛的适用性

健身健美操是健身美体的重要运动项目之一，它与现代人追求身心健康和追求美的需要是相符的。健身健美操音乐风格激昂、振奋人心，在音乐伴奏下进行健身健美操锻炼，能够疏通筋骨、愉悦身心，体验欢快奔放的热烈情感。此外，健身健美操对场地没有太高的要求，负荷强度可大可小，有专门针对不同年龄群体和职业群体创编的健身健美操套路，练习形式多样，以其广泛的适用性受到了大众的青睐。

（二）时代感和律动性

健身健美操运动作为一项时尚流行的健身健美运动，是体操、舞蹈和音乐的有机统一体，特色非常鲜明。健身健美操创编者在创编过程中多将时代感强的时尚体操、现代舞蹈、现代音乐（摇滚、爵士等）作为素材，具有十足的律动性和强烈的时代感。

（三）艺术性

健身健美操追求"健"与"美"，同时属于"健身体育"和"健美体育"的范畴。从健美体育的角度来看，健身健美操作为代表项目之一具有鲜明的艺术性。人们参与健身健美操运动，不但能够强身健体，而且能陶冶情操，提升艺术修养和审美素养。

（四）实效性

健身健美操是典型的健身健美运动，其编排是以多学科理论为基础的，包括人体解剖学、运动生理学、运动心理学以及体育美学等，基于多学科理论而创编的健身健美操动作具有一定的弹性和力度，参与者要在不断的走、跑、跳等活动中完成健美操动作，能够促进肌肉力量的增强、身体协调能力的提升，也能消除脂肪，塑造健美形体。由此可见，健身健美操运动具有健身美体的实效性。

四、健身健美操的作用

（一）塑造健美体形

长期坚持参加健身健美操运动，有助于培养正确的身体姿态习惯，能够提升肌肉的弹性，拥有矫健的体态，使体形更加匀称，肢体更加协调，在身体练习中动作更加优美，总体上使身体各部位向健美的方向变化发展。

在开展健身健美操锻炼时，身体姿态要标准，要满足挺拔、端庄的基本要求，表现出饱满的情绪和愉悦的精神状态，使内外整体协调统一、优美和谐，同时塑造内在美和外形美，培养高雅气质。

（二）提升身体协调性和节奏感

健身健美操运动本身就具有鲜明的节奏感和高度的协调性，因此对参与者的节奏感、身体协调性要求很高。

健身健美操套路练习中，手臂和步伐动作复杂多变，各种新颖的变化是通过对动作方位、动作路线、动作幅度、动作节奏以及动作频率等因素做出调整而实现的，参与者在完成变化多样的各种健美操动作的过程中，身体协调性能够得到有效提高，而良好的身体协调性又能够为更好地完成健身健美操套路奠定基础。

健身健美操的音乐节奏和其他音乐节奏相比，其独特性在于对健美操的动作节奏、动作速度以及动作力度有控制作用，甚至对运动负荷也有直接影响，节奏感好的人能真正跟着音乐跳操，将身体动作与音乐完全融合在一起，所以说参与健身健美操运动能够培养人的节奏感。

（三）培养自信心

健身健美操运动是具有艺术性的健身健美运动项目，长期坚持参与健美操运动，能够塑造形体美、心理美、精神美，提高审美情趣，使体力更充沛、精力更旺盛、身心发展更协调，从而调动生活、学习和工作的热情，主动展现自我，提高学习和工作效率，提升生活质量，提升对自身的满意度，由内而外地散发自信。

（四）培养创新能力

健身健美操运动的发展离不开创新，健美操创编者要具备良好的创新素养，在健身健美操动作设计、音乐选编等方面都要勇于探索、敢于创新、大胆突破、推陈出新，创造出更新更好的作品。健美操参与者作为业余创编主体，同样要具备这方面的能力。

参与健美操运动的过程也是不断思考和思维创新的过程，只有主动思考、大胆想象，敢于突破传统套路模式，发挥能动性和创造性，才能在健身健美操运动实践中充分展示人体美，展示自信，实现自我价值，满足人的更高层次的需求。

第二节　健身健美操基本动作教学

一、健美操基本动作解析

（一）基本手型

1.掌

（1）并指掌

大拇指指关节弯曲内扣，其余四指并拢伸直。手腕伸直，使手臂成一条直线。关节与掌指关节适度紧张（图4-2①）。

（2）分指掌

五指用力分开，并伸直（图4-2②）。

（3）屈指掌

手掌张开，五指自然弯曲（图4-2③）。

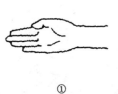 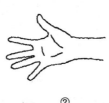 

①　　　　　　　②　　　　　　　③

图4-2　掌

2.拳

（1）实心拳

拇指握住四指，中间无空隙（图4-3①）。

（2）空心拳

拇指握住四指，中间有空隙（图4-3②）。

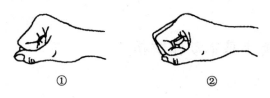

① ②

图4-3 拳

3.其他手型

除了掌和拳，还有以下常用的手形。

（1）西班牙舞手形

五指分开，小指内旋，拇指稍内收（图4-4①）。

（2）剑指

食指和中指并拢伸直，拇指、无名指小指内收（图4-4②）。

（3）"V"指

拇指与小指、无名指弯曲，食指与中指伸直并尽力分开（图4-4③）。

（4）响指

无名指与小指屈握，拇指与中指、食指摩擦后，中指击打大鱼际处产生响声（图4-4④）。

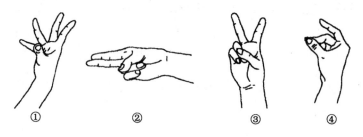

① ② ③ ④

图4-4 各种手型

（二）头颈部动作

1.屈

头部向前、后、左、右4个方向分别做颈部关节弯曲的运动，包括前屈、后屈、左侧屈、右侧屈（图4-5）。练习时身体正直，动作缓慢，充分伸展颈部肌肉。

2.转

头正直，头颈部沿身体垂直轴向左、右转动90°。要求下颌平稳地左右转动。动作包括左转、右转（图4-6）。

图4-5 屈　　　　　　　　　　　图4-6 转

3.环绕

头正直，头颈部沿身体垂直轴向左或右转动360°，包括左环绕和右环绕（图4-7）。要求头部匀速缓慢转动，动作要到位，向后转时头要后仰。

图4-7 环绕

（三）肩部动作

1.提肩

两脚开立，身体正直，肩部沿身体垂直轴向上提起。动作包括单提肩、双提肩（图4-8）。要求肩部尽可能向上提起，身体不能摆动。

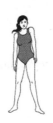

图4-8　提肩

2.沉肩

两脚开立，身体正直，肩部沿身体垂直轴向下沉落（图4-9）。注意身体不能摆动，头尽量向上伸展。

3.绕肩

两脚开立，身体正直，肩部沿身体前、后、上、下四个方向绕动。动作变化包括单肩环绕、双肩环绕（图4-10）。绕肩时身体不要摆动，动作尽量舒展。

图4-9　沉肩　　　　　　　　图4-10　绕肩

（四）上肢动作

1.举

手臂以肩关节为中心而活动，包括前举、后举、侧举、侧上举、侧下举、上举等形式（图4-11）。注意动作到位，有力度。

图4-11　举

2.屈

肘关节由弯曲到伸直或由伸直到弯曲的动作。动作变化有胸前平屈、肩侧屈、肩上侧屈、肩下侧屈、胸前上屈、头后屈等（图4-12）。注意关节屈伸要有弹性。

图4-12　屈

3.绕、绕环

两臂或单臂以肩为轴做弧线运动。动作变化主要有两臂或单臂向内、外、前、后绕或环绕等（图4-13）。注意路线清晰，起始和结束动作位置明确。

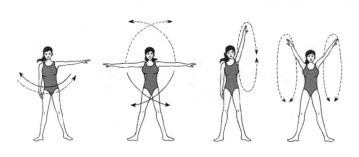

图4-13　绕、环绕

（五）躯干动作

1.胸部动作

（1）含胸、挺胸

含胸时，低头收腹、收肩、形成背弓、呼气；挺胸时，抬头挺胸、展肩、吸气。动作变化包括手臂胸前平屈含胸、手臂侧平举展胸。注意含胸时身体放松，但不松懈；挺胸时身体紧张但不僵硬（图4-14）。

图4-14　含胸和挺胸

（2）移胸

髋部位置固定，腰腹带动胸部左右移动；动作幅度尽量大。

2.腰部动作

（1）屈

腰部向前或向侧做拉伸运动。动作变化有前屈、后屈、侧屈三种形式。要求充分伸展，运动速度适中（图4-15）。

（2）转

腰部带动身体沿垂直轴左右转动。身体保持适度紧张，转动要灵活（图4-16）。

 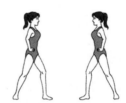

图4-15 屈　　　　　　　　图4-16 转

（3）绕和环绕

腰部做弧线或圆周运动。动作变化要与手臂动作相结合进行腰部绕和环绕。注意路线清晰、动作圆滑。

3.髋部动作

（1）顶髋

两腿开立，一腿支撑并伸直，另一腿屈膝内扣，双手叉腰，上体正直，用力顶髋。动作变化有左顶、右顶、后顶、前顶。注意动作用力且有节奏感（图4-17）。

（2）提髋

髋向上提。动作变化包括左提、右提。注意髋与腿部协调向上活动。

（3）绕和环绕

髋做弧线或圆周运动。动作变化包括左、右方向绕和环绕动作。注意运动轨迹要圆滑（图4-18）。

图4-17　顶髋　　　　　　　　　图4-18　环绕

（六）下肢动作

1.立

（1）直立、开立

直立时，身体正直，两腿并拢，两脚脚跟相抵，双手叉腰，挺胸抬头。开立时，在此基础上两腿打开，脚间距约同肩宽（图4-19）。

（2）点立

先直立，一侧腿伸出做点立或双腿提起做提踵立。动作变化包括侧点立、前点立、后点立、提踵立。注意动作要舒展。

2.弓步

先直立，然后一腿大步迈出，做屈的动作。动作变化包括前弓步、侧弓步、后弓步（图4-20）。

图4-19　直立与开立　　　　图4-20　弓步

3.踢

两腿交替踢腿。动作变化有前踢、侧踢、后踢（图4-21）。注意动作干净利落。

4.弹

双腿进行弹动动作。动作变化有正弹腿、侧弹腿（图4-22）。注意动作要有弹性。

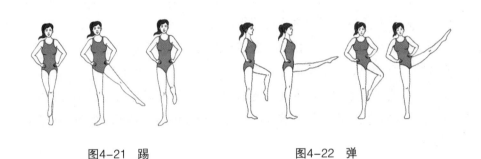

图4-21　踢　　　　　　　　　　图4-22　弹

5.跳

双手叉腰，身体直立，做各种姿势的跳。动作变化有并腿跳、开并腿跳、踢腿跳（图4-23）。注意动作要有力度和弹性。

图4-23　跳

二、健美操基本动作学练要点

（一）手型学练要点

拳、掌是健美操的基本手型，此外还包括剑指、"V"指、响指等其他手型，如果缺乏专门的手形练习，就会导致基础不扎实，做成套动作时手的动作不规范，如并掌时虎口大开、握拳时大拇指不由得伸出来等，从而影响动作的准确性和美感，因此手型练习很重要。

健美操手型练习一般安排在准备活动之后，教师先讲解示范，然后练习者听教师口令练习。可采用简化口令：拳—并（掌）—开（掌）—花（掌）—剑（指）—响（指）……口令速度逐渐加快，或者将顺序打乱，练习者可以原地练习各种手型，也可以在移动中练习，反复练习，熟练掌握各种规范的手形动作。

（二）手臂动作学练要点

手臂动作学练安排在手型学练之后，熟练各种手型是学习手臂动作的基础。手臂训练很重要，缺乏训练的人往往很难一气呵成地完成手臂动作，或者做手臂动作时因为控制力较弱而做得不规范。

手臂动作学练同样可以采用口令练习法，练习者自然站立，听口令练习，如按"侧下—水平—侧上—上举"的口令顺序练习，训练时播放音乐伴奏，增加手臂动作的节奏感。

在手臂动作学练中，可以伴随基本手型的各种变化，熟练后也可以结合步伐动作进行练习，如踏步中听口令完成手臂动作、行进中听口令练习等，这样也能巩固手型动作，增加练习的趣味性。

（三）基本步伐学练要点

健美操基本步伐是健美操基本动作练习的重点内容之一，通过这方面的训练，能够显著提升练习者的节奏感，并有效增强身体的协调性。按照人体活动时对地面的冲击力的大小，可以将健美操基本步伐分为以下三种类型，不同类型的步伐有不同的练习要求。

1.无冲击步伐学练

完成动作时两脚触地的动作即无冲击步伐，这类基本步伐动作相对简单，经过教练示范后，练习者基本就可以掌握。关键是要多练习踝关节的弹动动作。可以不专门训练此类动作，结合音乐练习时将此作为找点动作或在替换动作过程中将此作为过渡动作，都能达到练习效果。

2.低冲击步伐学练

一脚着地、一脚离地的动作为低冲击步伐。一般采用叠加法训练，每次课专门训练一类低冲击步伐动作，逐个安排，但新的一节课开始要先复习前一节课练习的步伐，然后学新的步伐。

3.高冲击步伐学练

做动作时两脚都离地的动作就是高冲击步伐，简称跳类动作。在掌握低冲击步伐动作的基础上，同样可以采用叠加练习的方法来进行专门的训练，达到巩固提高的效果。

（四）选择有效练习方法

在健美操基本动作学练中，要根据不同练习内容和练习对象的特点灵活选择与它们相适应的练习方法。下面主要分析健美操基本动作学练的三种有效方法。

1.单个动作重复练习

反复多次练习各类单个动作，强化本体感受和正确动力定型，熟练掌握动作的规格，达到标准化要求。但要注意不能像机器一样简单重复练习，而要边练习边思考应注意什么，哪些地方容易出错，如何避免出错，如何在重复练习中增添趣味等问题。

2.组合动作循环练习

将一定数量的单个动作组合起来，或将成套动作中的组合动作连接起来，然后重复练习一定数量的组合动作。这种练习方法要求以较快的节奏完成训练，所以比较难。采用这种练习方法时，要根据具体情况来确定组合的数量和循环练习的次数，通过练习促进速度素质的提升、节奏感的增强以及对动作控制力的改善。

3.组合动作间歇练习

在组合动作练习中，组与组之间有间歇时间，经过缓冲与休息，心率恢复到一定水平后再进行下一组练习，这就是间歇练习法。每次间歇后，下一组的练习内容要比上一组的多，在新的一组练习中，可以添加单个动作，也可以添加组合动作，遵循衡量递增的原则即可。练习强度也可以逐渐递增，直至达到成套动作的强度。

采用这种练习法时，随着练习时间、练习组数的增加，不仅能够强化动作的本体感觉，快速形成正确的动力定型，而且能够促进心脏机能的提升，促进抗疲劳能力的增强。

（五）与套路结合进行练习

进行健美操基本动作练习，最终是为了高质量完成成套动作，提升成套动作水平。在健美操比赛中，裁判员评分和排名是以运动员成套动作的完成质量为评判标准的，而运动员对各类基本动作的掌握情况直接影响成套动作的质量，因此健美操基本动作训练是提升成套动作质量的基础环节，而且在基本动作训练中必须与成套动作相结合，使各类基本动作更好地为完成套路动作而服务。

要将基本动作与套路结合起来练习，就要将动作衔接规律掌握好，按照此规律进行基本动作与套路动作的连接练习。健美操成套动作中的若干基本动作是按照动作顺畅的要求连贯衔接的，掌握动作衔接规律便于对成套动作的理解与记忆，从而保证成套动作更加自然、连贯、流畅。

练习方法应基于动作衔接规律，具体的方法是：以主要的基本动作为主体，把各类动作与动作的衔接归纳成序，然后根据套路内容选择适当的基本动作或组合动作衔接性练习。常见形式有三种，即动作A—动作B；动作B—动作C；动作A—动作B—动作C（A、B、C是基本动作或组合动作）。[①]

第三节　健身健美操成套动作教学

一、健身健美操套路动作教学示例

（一）组合一（4×8拍）

1.第一个八拍
1 左脚向前跑跳步，两臂侧平举。
2 右脚向前跑跳步，两臂头顶击掌。
3—4、5—6、7—8同1—2。

2.第二个八拍
1—2 右脚向右前方一步，重心前移至右脚，同时两臂直臂立掌由下经前至前上举。
3—4 重心后移同时转体90°成侧弓步，两臂侧平举，身体稍右侧屈，两臂与地面成45°角。

---

① 李景红，蒋满华.健美操基本动作的训练与强化[J].体育师友，2008（04）：28-30.

5—6 下肢、躯干动作还原成1—2拍，两臂前下方交叉。

7—8 向左转体180°至两腿交叉，屈膝半蹲，两臂后斜下举。

3.第三个八拍

1—4 左脚向后跑跳步，前后摆臂。

5—6 两脚并拢向上跳，两臂前斜下举，掌心朝上，屈肘2次。

7—8 同5—6拍。

4.第四个八拍

1 两脚跳起成开立，向右顶髋，手握拳，两臂侧平举。

2 右腿屈膝内扣，顶左髋，手握拳，右臂胸前屈，左臂侧平举。

3 手握拳，右臂经胸前绕至左边与左臂平行。

4 右臂经胸前绕至侧平举还原为动作1。

5 收左腿，两腿屈膝半蹲，右臂屈肘向上成肩上侧屈，左臂屈肘向下成侧屈。

同5，方向相反。

6 右臂向上冲拳，左臂屈肘向下拉。

7—8 同5—6，方向相反。

（二）组合二（4×8拍）

1.第一个八拍

1—3 左脚向前跑跳步，手臂自然前后摆动。

4 吸右腿，两臂向上举，手心朝下。

5 右脚向右一步，同时两臂侧下举。

6 左脚向右后方一步，屈膝，两臂屈肘由内向外绕环，打响指，低头。

7 抬头。

8 保持不动。

2.第二个八拍

1 左脚向左一步，两臂向上举。

2 右脚向左后方一步，与左脚交叉，两臂落下，手心向外。

3 与1拍相同。

4 右脚收回，脚尖点地，两臂落下，手心向外。

5 右脚右后退步，左脚尖侧点地，右肩经前向后绕环。

6 左脚向右脚并拢，左脚尖点地。

7 左脚后退步，右脚尖侧点地，左臂经前向后绕环。

8 右脚向左脚并拢，右脚尖点地，左臂绕到身体左侧。

3.第三个八拍

1 右脚退步，两臂置于体侧。

2 左脚退步；胸前击掌。

3 右脚退步，双手握住向上举。

4 左脚退步，两臂下落。

5—6 右脚向左漫步，左腿屈膝后踢，右臂屈肘置于腹前，左臂屈肘置于腰后。

7—8 右脚向右侧弓步，右臂在体侧上举，左臂在体侧下举。

4.第四个八拍

1—2 左脚向右漫步，右腿屈膝向后踢，双臂屈肘，手指触肩，经前向后绕环。

3—4 左脚向后漫步，双臂经前向后绕环。

5 左脚向左一步，左臂前平举立掌，右手叉腰。

6 上体左转180°；手臂经体前至侧平举。

7—8 左腿直立，右腿屈膝侧点地，两臂交叉于胸前。

（三）组合三（4×8拍）

1.第一个八拍

1—2 右脚向右迈步，两臂在体侧平举。

3 左脚在右脚前方点地，右臂平屈于胸前，左臂侧后举。

4 左腿后摆点地，左臂平屈位于胸前，右臂后下举。

5 180°转体成左弓步，右手握拳向前伸出，左臂握拳放于腰间。

6 右腿向前弹踢腿，左拳前冲，右臂收回，右拳抱腰。

7 右脚退步。

8 左脚退步，两腿交叉屈膝，左臂经内向外绕环至下举。

2.第二个八拍

1—2 向左恰恰步，右臂平屈放在胸前，左臂侧后举。

3—4 动作同1—2，方向相反。

5—6 左脚向左迈步成左弓步，两臂经上举至体侧平举。

7—8 左脚收回，右手敬礼。

3.第三个八拍

1—2 吸右腿，两臂屈肘放在胸前。

3—4 向左转身吸左腿，两臂侧平举。

5—6 右脚向前迈步，右臂体前上屈，拳朝上。

7 左腿向前上方踢，两臂落于体侧。

8 左腿收回，两脚开立。

4.第四个八拍

1—2 右臂经体侧上举，开掌。

3—4 右臂下举。

5—6 上体左转，右手向左击掌。

7—8 右手握拳，左臂侧下举。

（四）组合四（4×8拍）

1.第一个八拍

1—2 左脚向左平转一周。

3—4 右脚侧点地，向左转体90°，右臂平屈于胸前。

5—6 面向左侧，左腿微屈膝，右脚向后平伸，左臂向前平举，右臂后举，保持俯身平衡姿势。

7—8 右腿收回屈膝，右脚点地，两臂落在体前。

2.第二个八拍

1—2 右手上举，右脚向右一步，左脚向右脚并拢，同时身体转动180°，两腿屈膝，左脚点地，两臂由右到左依次绕成下举。

3 1位手型，左腿迈向斜前方。

4—6 小猫跳，手臂经1位手至3位手。

7—8 右膝跪地，两臂经上向后绕到体前，手指着地，上体经抬头挺胸至低头含胸。

3.第三个八拍

1—2 右膝跪地，左脚侧点地，左臂向上举，右臂在体侧平举。

3—4 左腿收回跪地，身体前屈，两肘弯曲撑地，低头。

5—6 身体向左翻转180°，两腿依次打开，两手向左依次撑地。

7—8 左腿屈膝，左臀坐地，右腿屈膝点地，左臂屈肘撑地，右臂伸直置于右膝上。

4.第四个八拍

1—2 右腿向左侧踢腿，左臂屈肘撑地，右臂在体前用手掌撑地。

3—4 直腿坐，双手在身体两侧稍偏后撑地。

5—6 身体向后转成左弓步，右臂伸直用手撑地。

7—8 还原为基本站立姿势。

（五）组合五（4×8拍）

1.第一个八拍

1—2 右脚向右一步，两腿屈膝，双手握拳，双臂平屈于胸前，屈肘2次。

3 手掌平伸，左脚向左一步。

4 两臂高举在头顶击掌。

5 右脚向左前一步与左腿交叉。

6 转体一周。

7 右腿向右成右弓步，右臂侧平举。

8 右臂收回在肩上侧屈。

2.第二个八拍

1—2 左脚向右漫步，右臂屈肘置于头后，左臂在腹前屈肘。

3 左脚退步，右脚向后踢，双臂平屈位于胸前。

4 右脚落地，左脚向后踢，双臂向外绕到体侧。

5 左脚向前迈步，两臂在体侧平举。

6 右脚向左脚并拢，两腿屈膝，手臂体前交叉。

7—8 屈腿跳，左臂在左侧平举，右臂向上举。

3.第三个八拍

1—2 左腿向左迈步，两腿屈膝，双臂屈肘位于胸前，屈肘2次。

3 右脚向右迈步，同时身体转180°，两臂落于体侧。

4 左脚向右脚并拢，脚尖点，两臂胸前平屈交叉。

5—6 两脚交替滚动步（右脚开始）。

7—8 左脚向前迈步，双手侧下举。

4.第四个八拍

1—3 右脚向右后方退3步，右臂上举经体前绕至体侧。

4 左脚向右脚并拢，脚尖点地。

5 左腿向左迈步，身体左转，左臂在体前压掌。

6 左臂绕到体侧。

7 右臂向上举。

8 两腿屈膝，右腿向前，左腿向左，左臂落在体侧，右臂平屈于胸前。

（六）组合六（4×8拍）

1.第一个八拍

1 左脚向左迈步，左臂向上举。

2 右脚并向左脚，左手侧下举打响指。

3 同1。

4 同2。

5—6 向左前吸右腿。

7 右脚退步。

哒 左脚退步。

8 右脚向前呈右弓步。

2.第二个八拍

1 左脚向前迈步，右脚向左脚并拢，脚尖点地，双臂体侧上屈，手指触肩。

2 动作同1，方向相反。

3 左脚向前迈步，右脚向左脚并拢，脚尖点地，两臂先上举转为前举，手心向前。

4 右脚向前迈步，左脚向右脚并拢，脚尖点地，两臂落于体侧。

5—8 向左小马跳转体一周，左臂和右臂分别侧下举和侧上举。

3.第三个八拍

1—2 左脚向左迈步，双臂从侧平举经体前交叉向上高举。

3—4 左脚向右后方退步，双手胸前平屈交叉，头向右偏。

5—6 右腿向右迈步，双臂从侧平举经上绕至体前交叉。

7—8 右脚向左后方退步，左臂侧平举，右臂上举。

4.第四个八拍

1 右腿收回，两臂屈肘握拳交叉于胸前。

2 吸左腿，两臂侧下举。

3—4 动作同1—2，方向相反。

5 两腿成交叉步（右腿在前），两臂在体侧平举。

6 向左转体一周，两臂落在体侧。

7—8 两脚起跳，落地后开立，向右顶髋，右手叉腰，左臂上举。

二、健身健美操套路练习方法

（一）分解练习

在健身健美操套路训练中，学生先进行分解动作练习，要保持正确的身体姿态来准确完成每个分解动作，熟悉每个分解动作的动作方法，动作要娴熟、流畅，没有明显停顿。在分解练习中，反复练习不熟练或有难度的基本动作或组合动作，直至完全熟练，能够准确、流畅地完成，从而为表演健身健美操成套动作打好基础。

（二）完整练习

完整动作练习就是在音乐伴奏下完整练习一整套操，生动展现成套动作，在练习过程中注意肢体动作的弹动，要有意识地控制动作，将音乐与动作完全融合，提高表现力，完美呈现不同力度、幅度和速度的动作以及优美的造型、姿态。

（三）合作练习

将健美操成套动作熟练掌握后，学生可以与同伴自由组合进行小组合作练习，在合作中共同商讨对新队形、新动作的创新设计，思考能够将哪些新元素融入成套动作中，小组成员相互交流，积极参与讨论，发挥思维力和想象力，共同解决练习难题，有助于培养学生的合作能力、思考能力和交往能力，同时能强化学生分析和解决问题的能力。

在小组合作探究练习结束后，教师引导各小组相互点评，从而更好地提升学生练习的积极性和表演的自信心。

第四节　全民健身背景下健身健美操产业的发展研究

近年来，政府高度重视全民健身事业，加快推动全民健身发展，人们的健康意识不断增强，越来越多的人开始关注身体健康，追求高质量的生活。在这样的背景下，健身健美操以其健身性、趣味性、娱乐性、实用性、时尚流行性，吸引了大量群众参与，成了许多人健身塑形、提升体质的首选运动，也自然成为全民健身的一项热门运动，其产业发展日益受到关注。全民健身为健美操产业发展提供了良好的外部环境，健美操产业内部发展也呈现出良好的态势。从俱乐部成立到相关产品研发、市场营销，产业链日趋完善。尤其是随着互联网技术的普及，线上健身平台的发展为健美操传播提供了新的途径。用户可以通过手机应用、网站等平台，随时随地学习健身健美操课程，满足个性化需求。此外，健美操在我国学校体育教育中也发挥着重要作用。许多学校将健美操纳入体育课程，培养学生的健美操兴趣和审美情趣，提高他们的身体素质，这也为健身健美操产业发展提供了源源不断的人才储备。

随着健身健美操产业的发展，其已成为体育产业的重要组成部分，使广大人民群众日益增长的健康需求得到了满足。下面简要分析我国健身健美操产业的竞争优势与发展现状，提出进一步发展的策略，并畅想未来发展前景。

一、健身健美操产业的竞争优势

（一）群众基础广泛

健身健美操具有低门槛、易上手的特点，适合各年龄段、不同体质的人群。在我国，越来越多的人开始将健身健美操作为日常锻炼的一种选择，为其产业发展提供了巨大的市场空间。

（二）政策扶持

近年来，我国政府高度重视全民健身事业，出台了一系列政策措施支持健身健美操产业的发展，如《"十三五"体育发展规划》明确提出，要加大对健身健美操等群众性体育项目的支持力度，推动产业创新发展。

（三）社会效益良好

健身健美操不仅有助于提高人们的身体素质，还可以改善心理状态、增强自信心。此外，健身健美操还能促进社会交往，强化社区凝聚力。因此，发展健身健美操产业具有广泛的社会支持。

二、健身健美操产业的发展现状

（一）市场规模不断扩大

近年来，我国健身健美操市场规模逐年上升，各类健身场所如雨后春笋般涌现。现阶段，我国健身场所数量已超过10万家，其中大部分都提供了健美操课程。此外，线上健身平台也纷纷涌现，为消费者提供了更加丰富的选择。

（二）产品与服务日益多样化

在健身健美操产业中，各类产品与服务不断创新，满足了不同消费者的需求。从传统的有氧操、瑜伽、普拉提到如今的高强度间歇训练、搏击操等，健身健美操课程日益丰富。同时，许多健身场所还提供了私人教练、康复训练等服务，为消费者提供了全方位的健身体验。

（三）产业链逐渐完善

健身健美操产业链包括上游的健身器材研发与生产、中游的健身场所运营、下游的健身教练培训与认证等环节。随着产业的发展，各个环节之间的关联日益紧密，形成了良好的产业生态。此外，许多企业开始涉足健身健美操产业的多个环节，实现产业链一体化发展。

（四）市场不规范问题凸显

在充分肯定健身健美操产业发展成果的同时，也应看到其中存在的问题，主要表现为市场不规范，如俱乐部的健美操教练资质参差不齐，部分教练专业水平不高，容易导致学员受伤；再如，市场竞争激烈，一些不法商家利用消费者追求快速减肥的心理，夸大宣传，导致消费者权益受损。这些问题严重影响了健身健美操产业的口碑和持续发展。

三、全民健身背景下推动健身健美操产业进一步发展的策略

（一）继续加大政策扶持与宣传推广力度

当下，政府应在政策层面给予健美操产业更多的支持，出台相关政策措施，鼓励各地开展健美操活动。同时，通过媒体宣传和网络推广，提高健美操项目的知名度，使其在全民健身中发挥更大的作用。

（二）进一步拓展健美操市场

在全民健身背景下，健美操市场有着广阔的发展空间。可以通过举办各类健美操表演、比赛、讲座等活动，吸引更多企业、社会资本投入健美操产业。同时，加强与国际健美操组织的交流合作，引进国外先进的管理经验和技术，提升我国健美操产业的国际竞争力。

（三）打造健美操特色小镇和产业园区

为推动健身健美操产业的健康发展，应依托地域特色和资源优势，打造健美操特色小镇和产业园区，集训练、比赛、教育、旅游、文化等多功能于一体，形成产业链条，推动健美操产业与其他产业的融合发展。

（四）加强科学研究与创新

我国还应该加大对健美操科研创新的投入，开展健美操运动生理、心理、康复等领域的科学研究，为健美操产业发展提供理论和技术支持。同时，注重健美操文化的传承与创新，将传统文化与现代元素相结合，丰富健美操的内涵和表现形式。

总之，在全民健身背景下，我国健美操产业面临着良好的发展机遇。只

有抓住机遇，不断创新，积极探索和实践，才能推动健美操产业的持续、健康发展，进一步促进全民健身的发展，提高全民健康水平，为健康中国建设作出贡献。

四、全民健身背景下健身健美操产业的未来前景

（一）市场规模持续扩大

随着健康中国战略的实施，健身健美操产业将迎来更广阔的发展空间。据预测，未来几年我国健身健美操市场规模将持续保持两位数增长，成为体育产业的重要增长极。

（二）技术创新推动产业升级

互联网、大数据、人工智能等技术的不断发展，将为健身健美操产业带来新的机遇。智能化健身设备、虚拟现实（VR）健身、个性化训练方案等领域将成为创新热点，助力产业升级。

（三）产业链整合与专业化分工

随着市场竞争的加剧，健身健美操产业链将进一步整合，企业之间将加强合作，形成优势互补、共同发展的产业格局。同时，专业化分工将更加明确，各个环节的企业专注于自身优势领域，提高产业整体竞争力。

健身健美操产业在我国具有良好的发展前景，在政策扶持、技术创新等多重因素的推动下，健身健美操产业将继续保持快速增长，为广大人民群众提供更加丰富、便捷的健身服务。

第五章
啦啦操技能教学与产业化发展研究

啦啦操是一种富有活力和热情的运动，它以独有的特征吸引了众多人参与。啦啦操不仅具有强烈的娱乐性，还包含了丰富的运动元素，使其在众多体育项目中独树一帜。参与啦啦操运动，不但能够强身健体、塑造优美体形，还能陶冶情操，愉悦心情，提高艺术审美力。因此，要重视啦啦操教学与发展，在全民健身视域下大力推广这项运动，推动其教育与培训水平的提升以及产业化发展。本章主要对啦啦操技能教学与产业化发展展开研究，首先介绍啦啦操基础知识，然后对技巧啦啦操、舞蹈啦啦操的技能教学展开分析，接着重点研究啦啦操成套动作创编技能教学，最后探索啦啦操产业化发展策略。

第一节　啦啦操基础知识

一、啦啦操的概念

啦啦操是在音乐的衬托下，通过运动员完成高超的啦啦操特殊运动技巧并结合各种舞蹈动作，集中体现青春活力、健康向上的团队精神，并追求最高团队荣誉感的一项体育运动。

二、啦啦操的分类

（一）根据动作特点分类

1.舞蹈啦啦操

舞蹈啦啦操是以舞蹈为基础，结合音乐、节奏和肢体动作的一种表演形式。队员们在表演中展现出优美的舞蹈动作、高超的技巧和强烈的团队协作精神。

2.技巧啦啦操

技巧啦啦操侧重于队员之间的配合和互动，包括托举、抛接、翻转等高难度动作。队员们需要在保证安全的前提下完成一系列高难度动作，展示出强烈的团队凝聚力和战斗力。

3.操练啦啦操

操练啦啦操主要以队列操练为基础，注重队员之间的协调和统一。在表演过程中，队员们需严格执行口令，动作整齐划一，展现出严谨的纪律性和团队精神。

（二）根据竞技性质分类

1.业余啦啦操

业余啦啦操主要面向广大群众，以娱乐、健身为目的，注重队员之间的友谊和团队精神。比赛过程较为轻松，队员们可以在比赛中尽情享受运动的乐趣。

2.专业啦啦操

专业啦啦操面向高水平运动员，以竞技为目标。比赛过程激烈紧张，队员们需要在保证技术水平的同时展现出强烈的拼搏精神和团队凝聚力。

（三）根据表演形式分类

1.室内啦啦操

室内啦啦操是在室内场馆表演啦啦操的一种形式，主要包括舞蹈啦啦操和技巧啦啦操。室内啦啦操对场地要求较高，需要保证队员们在表演过程中有足够的空间完成各种动作。

2.室外啦啦操

室外啦啦操是在户外场地表演啦啦操的一种形式，主要包括操练啦啦操和舞蹈啦啦操。室外啦啦操受天气影响较大，队员们需要在各种天气条件下完成表演，这对他们的毅力是一种挑战。

3.舞台啦啦操

舞台啦啦操是在舞台上表演的一种形式，主要以舞蹈啦啦操和技巧啦啦操为主。舞台啦啦操对表演效果要求较高，队员们需要在有限的空间内展现出高度的默契和团队精神。

三、啦啦操的特点

（一）动作丰富多样

啦啦操的动作丰富多样，包括跳跃、翻转、托举、配合等。这些动作不仅考验了个人的身体素质和技巧，更需要队员之间的默契配合。通过高难度的动作和创新的编排，啦啦操展示了运动的美感和力量。

（二）团队协作性

啦啦操首先表现为一种团队运动。在表演过程中，队员们需要紧密协作、相互配合，通过统一的动作和表情展示团队的整体实力。队员之间要保持高度的默契，每一个动作都要做到整齐划一，这样才能体现出啦啦操的团队精神。

（三）强烈的表现力

啦啦操最显著的特点就是其充满激情、活力四射的表演风格。队员们在场上展现出的自信、热情和阳光的形象，使啦啦操具有很强的吸引力。在表演过程中，队员们通过高难度的动作、协调的队形变化和丰富的表情，将舞蹈、体操和表演艺术完美地融合在一起，为观众呈现一场视觉盛宴。

（四）创新与挑战性

啦啦操的表演过程充满了创新和挑战。编排者需要不断尝试新的动作和编排方式，以追求更高的表演效果。同时，队员们也要勇于挑战自己的极限，不断提高自己的技能水平，使整个团队不断进步。

四、啦啦操的主要功能

啦啦操是一种富有活力和热情的运动，它不仅具有极高的娱乐性，还具备多种功能。下面对啦啦操的功能进行解析，以展示其在各个领域的广泛应用和重要性。

（一）健身塑形

啦啦操具有显著的健身塑形效果。通过啦啦操的练习，可以锻炼参与者的身体素质，提高肌肉力量、柔韧性、协调性和平衡感。长期坚持练习，有助于塑造健康美丽的身材，提高身体素质。

（二）增强团队协作能力

啦啦操强调团队协作，有助于增强参与者之间的默契。在训练和表演过程中，队员需要相互信任、支持，共同完成一系列高难度的动作。这一过程培养了队员们的团队精神，提高了队员的团队协作能力。

（三）培养自信心和表现力

啦啦操的表演性质使参与者需要在公众场合展示自己的才能。通过不断的练习和表演，参与者可以克服紧张情绪，增强自信心，培养良好的表现力，这对于提升个人综合素质和社交能力具有重要意义。

（四）促进交流与合作

啦啦操赛事和表演活动为参与者提供了一个展示自我、交流学习的平台。在这个过程中，参与者可以结识志同道合的朋友，共同切磋技艺，提高自己的水平。同时，啦啦操也有助于促进不同地区、学校之间的交流与合作，拓宽人际交往圈子。

啦啦操具有多种功能，不仅有助于个人的身心健康，还能提高团队协作能力、培养自信心和表现力，以及促进交流与合作。因此，啦啦操在我国受到广泛的关注和喜爱，成为许多人热衷的运动项目。

第二节　技巧啦啦操技能教学

技巧啦啦操是以翻腾、抛接、托举、金字塔等为主要难度，以操化动作、过渡连接、口号、道具等为基本内容，是一种团队舞蹈运动项目，集运动、激情、表演与难度为一体，充分体现了青春与时尚。

下面介绍一个4×8拍的技巧啦啦操套路动作。

一、第一个八拍

1—4拍，前：右腿单膝跪地，双手在体前交叉。底座：臀部触地，两腿伸直支撑住斜躺队员，双手扶地。尖子：直体后仰，内侧手臂握拳扶腰，外侧手臂上举，双手握拳，拳心向外。后：分腿开立，双手体前交叉。

5—6拍，底座：屈膝。尖子：借助底座，用力蹬成直立。

7拍，底座：两腿蹬直。

8拍，前、后：两臂侧上举成高V，点头。

二、第二个八拍

1拍，尖子：还原直立。底座：双脚屈膝触地。

2拍，前：直立，两臂在胸前交叉，拳心向侧。后：右脚向前跨出一步，两臂胸前交叉，拳心向侧。尖子：身体向外转180°，外侧腿前跨出一步成弓步，右手握住底座的右手。底座：屈腿交叉，右手握住尖子的右手，左手扶地。

3拍，前：左脚后撤一步。后：左脚前迈一步。

4拍，后、前：向前后并步成直立。尖子：把底座拉起。底座：双脚前后开立，上体直立，重心向前。

5—6拍，前、后：外侧腿向后撤一步，重心向前，两臂于胸前击掌。底座、尖子：两臂于胸前击掌。

7拍，三组队员屈臂，击掌。

8拍，还原直立，同时面向1点。

三、第三个八拍

1—2拍，从左脚开始，进行2次踏步，两臂胸前击掌1次。

3—4拍，下肢动作与1—2拍相同，两臂侧上举成高V。

5—6拍，与1—2拍完全相同。

7拍，左脚踏步，两臂前平举，立拳，拳心相对，竖起拇指。

8拍，并腿跳，成直立。

四、第四个八拍

1—2拍，直立。

3—4拍，底座：内侧腿向侧边跨出一步成弓步，两膝、脚尖相对，前后靠紧。尖子、后点：两手在胸前击掌。

5拍，尖子：左脚踩在底座的大腿根部，两手扶于底座内侧肩部。底座（左）：右手扶住尖子的膝盖。后点：双手扶住尖子的腰部。

6拍，尖子：直立，双脚踩在底座大腿根部。底座：内侧手抱紧尖子的膝盖。后点：将尖子向上托起。

7拍，尖子：双手握拳，在胸前平屈。底座：外侧手臂侧上举，拳心向下。

8拍，尖子：双臂侧上举，成高V。

第三节　舞蹈啦啦操技能教学

一、以花球啦啦操为例

舞蹈啦啦操是一种富有活力和激情的啦啦操表演艺术，它将舞蹈、运动和表演融为一体，展现出独特的魅力。舞蹈啦啦操既能锻炼身体，提高身体素质，又能培养团队协作精神和表演技巧。参与者需要在舞蹈动作的基础上，配合音乐节奏，展现出活力四射、热情奔放的表演风格。此外，舞蹈啦啦操还注重队员之间的默契与配合，通过统一的动作和队形变化，展现出整体的美感和协调性。

舞蹈啦啦操包括花球啦啦操、街舞啦啦操、爵士啦啦操等。近年来，花球啦啦操逐渐在我国崭露头角，不仅在校园内广泛开展，还逐渐走进了社区、企业和舞台，在竞技层面取得了优异成绩，在表演艺术领域展现出独特的魅力。花球啦啦操是唯一可以使用道具的舞蹈啦啦操。舞者手持花球（团队手持花球动作占4/5的比例），结合啦啦操基本手位、难度动作、舞蹈技巧等元素，队形变幻莫测，动作整齐划一，视觉效果非常好。下面主要以花球啦啦操为例进行套路教学分析。

二、花球啦啦操成套动作技能教学

下面介绍一个10×8拍的花球啦啦操成套动作。

（一）预备姿势

1.预备

左手叉腰，右臂侧平举，右腿屈膝外开右脚点地，面向正前方。

2.手臂动作

1—4拍，双臂呈下V位，哒拍挺身，双臂屈于胸前，双手相靠。

5—7拍，双臂上举成上V位。

8拍，双手握持花球于胸前。

3.步法

1—4拍，右脚在前锁步。

5—7拍，双腿开立。

8拍，双腿跳成并步。

4.手型

握花球。

5.面向

正前方。

（二）第一个八拍

1.手臂动作
1—3拍，双臂收于大腿前方。

4拍，成上H位。

5—6拍，双手抱于胸前。

7—8拍，成上V位，两拍一动。

2.步法
l—3拍，右、左、右脚依次前上步。

4拍，并步提踵。

5—8拍，上左脚成弓步，右膝微屈，提踵。

3.手型
握花球。

4.面向
正前方。

（三）第二个八拍

1.手臂动作
1—3拍，手臂收于大腿前方。

4拍，双臂上举成上H位。

5—6拍，双手抱于胸前。

7—8拍，双臂下举成下V位，两拍一动。

2.步法
1—3拍，右、左、右脚依次退步。

4拍，并步提踵。

5—8拍，左脚后退成弓步，左膝微屈，提踵。

3.手型
握花球。

4.面向
正前方。

（四）第三个八拍

1.手臂动作
1—3拍，手臂收于大腿前方。
4拍，双臂屈肘于胸前。
5—6拍，手臂成左K位。
7—8拍，双臂屈肘于胸前。

2.步法
1—4拍，左、右、左脚依次踏步，同时向左转体360°成并步。
5—6拍，迈左脚成屈膝弓步。
7—8拍，收左脚，并腿站立。

3.手型
握花球。

4.面向
1—4拍，同身体方向。
5—6拍，左方。
7—8拍，正前方。

5.头位
5—6拍，身体面向左方，头部面向正前方。

（五）第四个八拍

1.手臂动作
1—3拍，手臂垂于大腿前方。

4拍，双臂屈肘于胸前。

5—6拍，手臂成K位。

7—8拍，双臂屈肘于胸前。

2.步法
1—4拍，右、左、右脚依次踏步，同时向顺时针方向转体360°成并步。

5—6拍，迈右脚成屈膝弓步。

7—8拍，收右脚，并腿站立。

3.手型
握花球。

4.面向
1—4拍，同身体方向。

5—6拍，左方。

7—8拍，正前方。

5.头位
5—6拍，身体面向左方，头部面向正前方。

（六）第五个八拍

1.手臂动作

1拍，右臂上举成左L位。

2拍，屈肘于胸前。

3—4拍，与1—2拍，动作相同，唯方向相反。

5拍，右臂前举，左臂侧平举成前L位。

6拍，双臂上举成上H位。

7拍，左臂前成L位。

8拍，双臂收于大腿前方。

2.步法

1拍，左脚向左侧迈步同时半蹲。

2拍，收左脚成并步。

3拍，与1拍，动作相同，唯方向相反。

4拍，与2拍，动作相同，唯方向相反。

5拍，左脚上步成前弓步。

6拍，并步双脚提踵。

7拍，右脚向右侧迈步同时半蹲。

8拍，收右脚，并腿站立。

3.手型

握花球。

4.面向

正前方。

（七）第六个八拍

1.手臂动作

1—2拍，成右上斜线。

3—4拍，左上斜线。

5—6拍，含胸，双臂收于胸前。

7—8拍，双手并拢，双臂前伸。

2.步法

1—2拍，迈右脚成右弓步。

3—4拍，重心左移成左弓步。

5—6拍，屈膝并步。

7—8拍，前迈左脚，成屈腿弓步，右脚跟提起。

3.手型

握花球。

4.面向

正前方。

5.头位

5—6拍，低头。

（八）第七个八拍

1.手臂动作

1—2拍，成右臂高冲拳。

3—4拍，点头一次。

5拍，成右斜下冲拳。

6拍，从右下方摆至左上方成左侧上冲拳。

7—8拍，与5—6拍，动作相同，唯方向相反。

2.步法

1—4拍，左脚向后侧迈出成分腿站立。

5—8拍，保持不动。

3.手型

握花球。

4.面向

正前方。

（九）第八个八拍

1.手臂动作

1—6拍，双臂收于大腿前方。

7—8拍，双手抱于胸前，成加油位。

2.步法

1—6拍，左右脚依次踏步。

7—8拍，成并步。

3.手型

握花球。

4.面向

正前方。

（十）第九个八拍

1.手臂动作

1—2拍，双手上举成上A位。

3—4拍，双手向下成H位。

5拍，双臂平行向右斜上方冲拳。

6拍，双手下压扶右膝。

7拍，双臂收于体前。

8拍，屈臂收于腰间。

2.步法

1—2拍，双脚大分腿站立。

3—4拍，屈膝俯身。

5拍，身体右转后靠，两腿分立半蹲，重心移至左脚同时左脚跟提起。

6拍，保持体位重心移至两腿之间。

7拍，跳成并步直立。

8拍，右脚在前呈锁步。

3.手型

握花球。

4.面向

5—6拍，右前方。

7拍，左方。

8拍，正前方。

5.头位

1—5拍，眼随手走。

6拍，低头。

7拍，左方。

8拍，正前方。

（十一）第十个八拍

1.手臂动作

1拍，双手上举成上H位。

2拍，双臂经体侧由上向下压。

3—7拍，扶右膝。

8拍，双臂垂于大腿前方。

2.步法

1拍，右脚支撑左脚向侧摆腿。

2拍，成左脚前锁步。

3—7拍，身体右转前俯身，两腿分立半蹲，重心在两脚之间同时左脚跟提起。

8拍，双腿并立。

3.手型

握花球。

4.面向

1拍，正前方。

2拍，右前方。

3—7拍，右方。

8拍，正前方。

5.头位

1、2、8拍，正前方。

3—7拍，低头。

（十二）结束动作

1.手臂动作
右臂于斜前下方，左臂屈肘于头部后方。

2.步法
分腿站立并屈膝，左脚前脚掌点地屈膝外开。

3.手型
握花球。

4.面向
右方。

5.头位
正前方。

第四节　啦啦操成套动作创编技能教学

一、啦啦操成套动作创编原则

在进行啦啦操创编时需要遵循一定的原则，以确保啦啦操的编排既具有创意和吸引力，又能体现出队员们的实力和风采。以下是一些啦啦操创编的基本原则。

（一）注重团队协调性

在创编啦啦操时，首先要关注队员们之间的协调性。动作的设计要能使队员们更好地配合，展现出团队的整体实力。可以通过分析队员们的身体条件、技能水平和个性特点，制定合适的动作和队形。此外，要保持动作的连贯性和流畅性，让整个表演更具观赏性。

（二）突出个性与创意

虽然啦啦操强调团队合作，但每个队员的个性特点也应该得到体现。在创编过程中，可以鼓励队员们积极参与动作设计和队形编排，发挥自己的创意，使整个表演独具特色。此外，还可以运用新颖的动作、独特的编排和富有创意的道具，增加表演的吸引力。

（三）强调技术性与艺术性相结合

啦啦操既要有技术性，也要有艺术性。在动作编排过程中要注意将难度动作与艺术表现相结合，使整个表演更具观赏价值。可以通过提高动作的难度、增加创新动作、提高队员们的完成质量等方面来提升技术性。同时，注重队员们的表情、音乐与动作的协调，要展现出艺术性。

（四）注重动作安全性

安全性是创编啦啦操时不可忽视的一个重要原则。在设计动作时，要充分考虑队员们的身体状况和技能水平，避免出现危险动作。此外，在训练过程中要加强安全教育，确保队员们能够在安全的环境中进行训练。

（五）体现团队精神与荣誉感

啦啦操的表演过程本身就是一种团队精神的体现。在创编过程中要注重培养队员们的团队意识，让他们明白每个人的努力都是为了团队的荣誉。通过共同面对挑战、克服困难，队员们会更加珍惜团队的合作，从而提高团队凝聚力。

二、啦啦操成套动作创编元素

啦啦操的创编要将舞蹈、音乐、口号与团队精神巧妙地交织在一起，创作出具有独特魅力和意义的作品，具体包含以下创编元素。

（一）舞蹈动作

舞蹈动作的设计是创编过程中的核心环节。这些动作不仅是简单的跳跃与翻转，更是饱含创意和新意的艺术表现。无论是灵动的抬腿还是充满力量的托举，每一个动作都富有层次感和立体感，仿佛在诉说着一个动人的故事。同时，动作的设计还要注重美观与实用性的平衡，确保每一个动作都能流畅地串联在一起，为观众带来一场视觉的盛宴。

（二）音乐

音乐是啦啦操的灵魂。它不仅为舞蹈提供节奏的指引，更激发着队员们的内在情感。在选择音乐时，我们会倾向于那些节奏明快、旋律激昂的作品，它们仿佛拥有一种魔力，能够瞬间点燃队员们的热情。同时，根据舞蹈动作的特点调整音乐的节奏和旋律，让舞蹈和音乐完美地融为一体，达到"声"与"形"的和谐统一。

（三）口号

口号在啦啦操中同样占据着举足轻重的地位。简短而有力的口号如同一把燃烧的火焰，点燃着队员们的斗志。这些口号不仅代表着团队的理念和精神，更是团队凝聚力的体现。在舞蹈中，队员们以整齐划一的动作、铿锵有力的声音，将口号的力量传递给每一个人，让人们感受到团队的力量与激情。

（四）服装和造型

服装和造型也是啦啦操创编中不可或缺的一环。为了凸显团队的特色和风格，我们会精心挑选色彩鲜艳、款式动感的服装。这些服装不仅提升了队员们的形象气质，更让整个团队显得和谐统一。在造型方面，利用各种道具和装饰品，如彩旗、气球、花球等，为舞蹈增添更多的色彩和层次感。这些细节的处理不仅让舞蹈更加丰富多彩，也让观众感受到团队的用心与专业。

三、啦啦操成套动作创编程序

啦啦操的创编是一项既富有挑战又充满趣味的任务，它需要综合考虑主题、舞蹈动作、音乐、口号以及团队精神等多个方面。通过努力，创作出独具特色的啦啦操作品，为观众带来一场精彩绝伦的视觉盛宴。为了创作出一套独具特色、激情四溢的啦啦操，需要遵循以下创编步骤。

（一）确定主题和风格

在创编啦啦操之前，首先要明确表演的主题和风格。主题可以是弘扬校园文化、展现团队精神，也可以是庆祝重要赛事或活动。在风格方面，可以根据表演团队的年龄、性别、体能等因素，选择活泼可爱、青春洋溢的幼儿风格，或是激情澎湃、热血沸腾的竞技风格。

（二）设计动作

在确定主题和风格后，接下来要设计动作。动作设计要注重创意和新颖性，可以参考现有啦啦操的动作，结合团队的特点和亮点，创作出独具一格的动作。编排时要考虑动作的连贯性、节奏感和整体效果，确保表演过程中动作流畅、队形变换自然。

（三）选取音乐和口号

音乐是啦啦操的灵魂，选择合适的音乐能为表演增色不少。在选取音乐时，要考虑音乐的节奏、旋律和风格，确保音乐与表演的主题和风格相契合。此外，还要创作富有激情、具有感染力的口号，让表演更具吸引力。

（四）搭配服饰和道具

服饰和道具是啦啦操表演的视觉元素，能够凸显表演主题和风格。在设计服饰时，要注重色彩搭配、款式创新，使表演者看起来更加鲜艳夺目。道具的选择和使用也要得体大方，既能突出表演亮点，又能增加观赏性。

（五）组织排练和调整

排练是确保表演成功的关键环节。在排练过程中要注重团队协作，加强动作、队形和口号的训练，通过反复的练习与磨合，队员们不仅能够熟练掌握每一个舞蹈动作、每一个口号，更能加深彼此之间的默契与信任。在排练过程中要不断调整动作、队形和音乐等方面的问题，力求表演的完美呈现。每一次汗水的挥洒都是为了在比赛或演出中展现出最佳的状态。当舞蹈、音乐、口号完美呈现时，观众们不仅能够感受到团队的团结与拼搏精神，更能体会到那份属于青春的激情与活力。

（六）注重表现力和细节

表演时的表现力和细节至关重要，要求表演者充满激情、自信满满，将动作做规范、到位。同时，要注意表情、眼神、队形等方面的细节，确保表演的整体效果。

第五节　我国啦啦操产业化发展前景研究

一、我国啦啦操产业现状

（一）啦啦操竞赛表演业现状

近年来，在我国各大体育赛事、文艺晚会以及各类庆典活动中，啦啦操竞赛表演是不可或缺的环节，为观众带来了精彩的视觉享受。当前，我国啦啦操竞赛表演业呈现出以下发展态势。

1.政策扶持力度加大

近年来，国家体育总局、教育部等相关部门纷纷出台政策，加大对啦啦操竞赛表演业的扶持力度，如设立全国啦啦操锦标赛、举办全国青少年啦啦操比赛等，为啦啦操竞赛表演提供广阔的舞台。

2.赛事体系逐渐完善

在我国，啦啦操竞赛表演已逐渐形成一定的赛事体系，不仅有全国性比赛，还有各省市举办的区域性比赛。此外，校园啦啦操比赛也日益普及，促进了啦啦操在青少年中的传播与发展。

3.人才培养初具规模

随着啦啦操竞赛表演业的发展，相关专业人才培训工作得到了广泛关注。部分高校已设立啦啦操专业，培养具备竞技表演能力的专业人才。同时，各类业余培训班也如雨后春笋般涌现，为爱好者提供学习平台。

4.普及程度不断提高

随着国民生活水平的提高，人们对文化娱乐的需求日益增长。啦啦操竞赛表演以其独特的魅力吸引了越来越多的人的关注和参与。在各大城市，啦啦操已成为一项热门的全民健身运动。

5.技术水平逐步提升

在我国，啦啦操竞赛表演的技术水平不断提高。队伍编排、舞蹈创意、动作难度等方面都有所突破。在国际舞台上，我国啦啦操队伍屡获佳绩，为国家赢得了荣誉。

（二）啦啦操教育培训业现状

近年来，全国各地的啦啦操赛事不断，参与人数逐年攀升，这也催生了啦啦操教育培训业的繁荣。当前，我国啦啦操教育培训业呈现出以下发展态势。

1.市场规模不断扩大

近年来，我国啦啦操教育培训市场呈现出快速增长的态势。据统计，目前全国范围内已有上百家专门从事啦啦操培训的机构，涵盖青少年、成人等各个年龄段。此外，许多中小学、高校也将啦啦操纳入体育课程，开展普及教育。市场规模不断扩大，行业竞争日趋激烈。

2.培训内容多样化

随着市场需求的增长，啦啦操教育培训内容日益丰富。除了基本的技巧训练外，还包括舞蹈、音乐、表演等方面的综合培训。部分培训机构还针对高水平运动员提供专业级的训练课程，以满足不同层次学员的需求。

3.师资力量逐步提升

我国啦啦操教育培训业的发展离不开师资力量的支撑。目前，国内许多啦啦操教练员具备国际认证的教师资格，拥有丰富的教学经验和赛事经验。在培训过程中，他们注重学员的基本功训练，提高学员的技术水平，同时也要注重培养学员的团队协作精神和竞技精神。

4.赛事体系不断完善

赛事是检验教育培训成果的重要途径。我国已建立起较为完善的啦啦操赛事体系，包括全国锦标赛、全国青少年锦标赛等。通过参加赛事，学员可以检验自己的训练成果，提高自己的综合素质。此外，国内外交流赛事的增多也有助于我国啦啦操水平的提高。

5.行业竞争激烈，亟待整合

虽然我国啦啦操教育培训市场整体呈现出良好的发展态势，但行业竞争依然激烈。部分小型培训机构由于师资、设施等方面的不足，难以满足学员的需求。此外，行业标准尚不完善，导致市场秩序混乱，亟待整合。

二、我国啦啦操产业发展的前景构想

（一）突破初级阶段

当前，我国啦啦操产业处于起步发展阶段，规模小，理论和实践不成熟，普及面窄、市场开发力度弱、经营管理不完善等问题普遍存在。对此，应该在加强政府宏观调控的同时发挥市场的灵活配置作用，从而为在更大范围内普及啦啦操运动、扩大啦啦操产业规模提供便利。

（二）以推广普及为首要任务

当前，宣传推广体系不成熟、优秀教练员人才缺乏是我国啦啦操产业发展的主要问题，正因如此，我国啦啦操市场规模很难进一步扩大。对此，我国应采用"一校一球一操"的方案来普及推广啦啦操，争取在全国范围内广泛开展啦啦操运动，健全啦啦操教育培训市场机制和竞赛表演市场机制。

（三）以教育培训和竞赛表演为核心产业

在我国啦啦操产业发展的起步阶段，应优先发展啦啦操教育培训业和竞赛表演产业，前者要不断促进教育培训质量的提高，后者要不断创建竞赛表演品牌，扩大品牌的市场影响力。

三、促进我国啦啦操产业进一步发展的建议

第一，政府部门应继续加大对啦啦操产业的政策支持力度，为产业发展提供良好的政策环境。

第二，加强啦啦操教练员、裁判员等专业人才的培养，提高整体专业素质。同时，普及啦啦操教育，让更多青少年热爱此项运动。

第三，鼓励企业参与啦啦操产业，推动产业链的拓展和升级，实现产业融合发展。

第四，打造具有中国特色的啦啦操品牌，提高国际知名度，增强产业竞争力。

第五，充分利用各类资源，拓展啦啦操市场，提高群众参与度，满足市场需求。

第六，加强与国际啦啦操组织的交流合作，引进国外先进理念和技术，提升我国啦啦操运动水平。

第六章
体育舞蹈技能教学与产业化发展研究

　　体育舞蹈文化是一种集体育与舞蹈于一体的艺术形式，它既是以舞蹈为核心的特殊体育项目，又是一种具有体育属性的特殊舞蹈类型。体育舞蹈历史源远流长，时代烙印深刻，其本身所具有的旺盛生命力使其延续发展至今，并拥有重要的社会地位，在当代社会发挥着重要的作用。体育舞蹈传入我国以来，深受大众欢迎，吸引了越来越多的人参与其中。现阶段，体育舞蹈在我国竞技体育和大众体育中都占有一定地位，体育舞蹈文化成为我国体育文化中不可缺少的重要组成部分之一。体育舞蹈从传入我国至今得到了很大的发展与进步，但也因为一些不利因素严重影响了发展的脚步。为改善我国体育舞蹈的发展现状，推动体育舞蹈在全国各地的进一步传播与发展，必须加大体育舞蹈教育力度，提高体育舞蹈教学水平，加强体育舞蹈文化传播与技能教学，并将体育舞蹈推向产业市场，开发产业资源，扩大市场规模，促进我国体育舞蹈的持续健康发展。本章主要对体育舞蹈技能教学与产业化发展进行研究，首先分析体育舞蹈基础知识，然后对摩登舞技能教学和拉丁舞技能教学进行研究，再次分析体育舞蹈成套动作创编技能教学，最后探索体育文化产业与赛事产业的科学发展路径。

第一节 体育舞蹈基础知识

一、体育舞蹈的起源与演变

（一）体育舞蹈的起源

体育舞蹈历史悠久，经由历史的千锤百炼和不断演绎，逐渐发展、深化，适应社会需求，彰显时代特色，成为广受人民群众欢迎的一项体育健身运动。

体育舞蹈起源于欧洲古老的"社交舞"（交际舞），起初出现在11、12世纪欧洲宫廷举办的舞会上，是贵族的一种消遣方式和社交手段。"交际舞"一词最早出现在1588年出版的 *Orchesographie*（《舞蹈图谱》）一书中，这本书经翻译后有了英文译版，之后便得到了广大舞蹈教师的关注。到16、17世纪时，社交舞在欧洲普遍流行。法国大革命后，欧洲宫廷盛行的社交舞开始流传到民间。第二次世界大战后，社交舞在世界各地广为传播，兴起了"跳舞热"。

也有史书记载，交际舞起源于中国汉朝，是汉代宴会中主人先舞、客人再舞为报的一种"以舞相属"的礼节性社交舞蹈。根据这一记载来看，中国的交际舞比西方的交际舞出现的时间更早。

（二）体育舞蹈文化的演变

体育舞蹈文化从起源至今，大致经历了下列几个演变历程。

1.初级阶段——社交舞

从10世纪以前的古老民间舞蹈演变而来的交际舞最典型的表现就是男女对舞，而非洲民间土风舞中的男女对舞是最早出现的交际舞，在盛大节日或农闲季节，男女结队尽情舞蹈。

14—16世纪，欧洲文艺复兴时期，意大利没有打击限制文化的发展，为国家与社会文化的发展提供了相对稳定的环境，大量学者、艺术家在相对轻松的社会环境中尽情发挥才能，推动国家学术和艺术的发展。正是在这一背景下，意大利出现了世界上第一批专职交谊舞教师。

16—17世纪，欧洲交际舞最具代表性的有西班牙的"查礼"舞，法国的"库尔特"与"不雷"舞，这些舞蹈在当时都很受年轻人的喜欢。这一时期的交际舞依然彰显高贵，但不像之前那样拘谨和强调文雅，而呈现出轻松、欢快、活泼的气息。

17—18世纪，欧洲兴起启蒙运动，资产阶级高举理性主义的大旗与落后的宗教神学、封建专制进行对抗，并传播人权、平等、自由、法制、民主等先进思想，将光明与希望带给了长期深处黑暗中的人们。在这一社会背景下，这一时期的体育舞蹈风格更加轻快、活泼，最具代表性的莫过于由奥地利和德国的"兰德勒"舞蹈演化而来的维也纳华尔兹，它的舞步以旋转为主，风格轻快、欢乐。

19世纪，人们的观念意识深受法国大革命、浪漫主义运动和工业革命的影响，这种观念意识的转变也对交际舞的发展产生了重要影响，而对舞蹈服饰的影响尤为明显。这一时期人们跳交谊舞时，在穿着服饰的选择和搭配上有一定的自由，其中华尔兹、波尔卡、四方舞等流行舞蹈的服装都非常漂亮、华丽。

2.规范整合阶段——国标舞

19世纪末20世纪初，人们的思维观念、精神生活在经历两次世界大战、第三次科技革命等重大变革后发生了显著的改变，特殊的社会背景和人们生活观念的变化为这一时期文学艺术的发展提供了自由的空间。从19世纪初到20世纪中期，世界文艺的发展历经了隔离—碰撞与冲突—破冰—交流与融合几个阶段，这个演变与发展趋势也推动了体育舞蹈在世界各地的流行和不同国家体育舞蹈文化的交融。

19世纪末，当维也纳华尔兹正蓬勃发展时，狐步舞也在世界文艺的良好发展势头下应运而生。随之，从古巴兴起的拉丁舞也流行开来，这种节奏独特的舞蹈深受舞者的欢迎，很快就在欧洲各国得到传播。

1924年，英国成立"英国皇家舞蹈教师协会"，该组织规范整理社交舞的舞步、舞姿及跳法，并不断加工、优化，为推动体育舞蹈的发展作出了巨大贡献。英国皇家舞蹈教师协会在整理当时流行的部分社交舞后，具体规范了华尔兹、维也纳华尔兹、探戈、狐步、快步等的舞姿、舞步和跳法，并以国际标准舞来命名这些社交舞。第二次世界大战后，英国皇家舞蹈教师协会又拓展了国际标准舞的内容体系，纳入了伦巴、恰恰恰、桑巴、斗牛、牛仔等经过整理后的一系列拉丁舞。此时的国际标准舞包括标准舞和拉丁舞，舞种达到10个。

1950年，英国世界舞蹈组织在本国西北部一个名叫黑池的小镇举办了第1届世界性国标舞大赛。1960年，非洲和拉美一些国家进一步对国标舞进行规范整理，将拉丁舞归入其中。1964年，集表演和比赛于一体的团体舞（队列舞）也被纳入国际标准舞的范畴，从而更加突出了国际标准舞中不同舞种的风格特点。至此，国际标准舞发展为三种形式，分别是标准舞、拉丁舞、和团体舞。不同形式、不同级别和不同规模的国际标准舞比赛每年在世界上都会举办很多场。随后，国标舞文化在世界各国的发展逐渐趋于规范，并呈现出融合发展的趋势。

3.竞技表演阶段——体育舞蹈

20世纪70年代后，世界经济的发展呈现出多极化势头，各国经济既相互对峙与竞争，又相互依赖与合作，在竞争与合作中共同发展。随着世界各国相继加入世贸组织，国际市场完全开放，全球经济空前融合，经济全球化的发展势头十分迅猛。在这种形势下，全球文化的交流与互动也更加频繁，世界文化呈现出大融合的壮观景象，其中自然包含体育文化的融合、舞蹈文化的融合，集二者精髓于一体的体育舞蹈文化的发展也呈现出勃勃生机。

1992年，世界各地的体育舞蹈艺术家齐聚巴塞罗那奥运会，给全球观众呈现了精彩绝伦的体育舞蹈表演，震撼了世界人民的心灵，也使体育舞蹈获得了全世界的关注。体育舞蹈文化全面渗入体育领域已成为必然趋势。同年，世界上一些国家改变了对国际标准舞的称呼，国际标准舞被称为"体育舞蹈"。从某种意义上而言，体育舞蹈只是国际标准舞的一种新称谓，二者除了称谓不同，其他几乎没有区别，在动作风格、音乐节奏、服饰着装等方面有几乎完全一致的要求。

1997年，国际奥委会执委会允许体育舞蹈正式加入国际奥委会大家庭，成为一项体育运动。此后，全世界广泛开展各类体育舞蹈比赛，如世界杯体育舞蹈比赛、体育舞蹈公开赛、世界体育舞蹈锦标赛等，各类赛事的举办充分展现了体育舞蹈的竞技性。

随着各国体育舞蹈协会的相继成立，国际体育舞蹈联合会不断迎来新成员，同时，体育舞蹈在世界各地积累了广泛的群众基础。2011年，国际体育舞蹈联合会更名为世界体育舞蹈联合会。

现在，世界体育舞蹈文化快速发展，呈现出"百花齐放"的局面。我国作为体育舞蹈的新生代国家，近年来大力发展体育舞蹈，传播融合了中国元素的体育舞蹈文化，并在各大世界体育舞蹈大赛上崭露头角，稳固地位，赢得了世界各国的肯定和尊重。

二、体育舞蹈的特征

（一）竞艺合一性

体育舞蹈产生以来，很长一段时间都是作为社交运动、表演运动、大众运动出现在公众视野中的，随着体育舞蹈的不断发展，其逐渐成为竞技体育家庭的一员，而其竞技体育的"身份"得到大众广泛认可是在其成为第13届亚运会和第27届悉尼奥运会的表演项目之后。

关于竞技体育的特点，体育舞蹈已完全具备，如竞争激烈、规则统一、制约性、组织严格、吸引力强等，此外，还表现为规则的约束力、成绩的时效性等。可以说，竞技体育的竞技性和审美特性在体育舞蹈中体现得淋漓尽致。体育舞蹈是一种艺术形式，主要表现手段包括人体的动作、姿态造型和构图变化，体育舞蹈技艺高超，一般人很难达到。

从竞技体育的表现形态来看，体育舞蹈与花样游泳、艺术体操等有很多共性，主要表现为音乐有韵律、有节奏，从事这些运动的人以良好的自控力维持身体平衡，在音乐伴奏下将高、新、难、美等各类动作巧妙完成，技巧上具有高度的审美性。体育舞蹈呈现出来的美学特征主要表现为客观性、象征性和形象性。

体育舞蹈是在"舞"的基础上发展而来的，舞蹈艺术的审美特质在体育舞蹈中也有鲜明的表现。和一般的竞技体育项目相比，体育舞蹈最大的特点是以优美的人体动作（经过艺术加工）将人的内在精神世界、审美理想、审美情感等表达和呈现出来，将社会生活的审美属性直观反映出来。

体育舞蹈拥有丰富的舞种，不同舞种的风格各有特色，因此体育舞蹈整体上具有丰富多样的舞蹈艺术形态。例如，刚劲挺拔的探戈、庄重典雅的华尔兹、轻快活泼的快步舞、平稳大方的狐步舞、诙谐花哨的恰恰、豪迈昂扬的斗牛、柔媚缠绵的伦巴以及热情奔放的桑巴和牛仔等，既充分体现了现实生活，也深刻反映了人们的内心世界。

体育舞蹈是舞蹈艺术的一种形式，它与一般舞蹈艺术的区别在于它是竞技化的舞蹈艺术；体育舞蹈也是一项体育运动，它与一般体育运动的区别在于它是艺术化的体育运动，所以说体育舞蹈是竞技与艺术的结合，更具体来说是体育和舞蹈的结合。体育运动与舞蹈艺术的物质载体相同，即运动工具和表现手段都是以人的身体为主。

（二）多元统一性

体育舞蹈文化是多元的文化，不是只属于某个国家、区域或民族。现代体育舞蹈体系中舞种多达10个，起源于非洲的拉丁舞和起源于非洲的摩登舞各自包含5个舞种。不同舞种的发展历程不尽相同，如果要对每个舞种的民族起源进行细致探究是不容易的，以华尔兹的民族来源为例，舞蹈历史学家仅就这个问题的讨论就持续了一个世纪。因为不同舞种从产生之初就密切联系、相互交融，很难确定它的真正来源。

从体育舞蹈文化的发展历史来看，其充分反映了不同民族文化与不同区域文化的密切联系、高度融合。体育舞蹈文化从某种意义而言既多元又统一，统一是建立在多元基础上的。体育舞蹈文化的审美特质是统一的，主要从舞蹈形式的统一中体现出来。从舞厅舞发展而来的体育舞蹈因为其内在的深层文化原因而获得国际社会的认可。

（三）审美性

对我国来说，体育舞蹈属于外来文化，当这一外来文化逐渐在我国传播开来后，与我国传统文化的关系越来越密切，尤其是与我国民族舞蹈文化保持着紧密的互动关系。随着中西文化、中西体育文化、中西舞蹈文化的不断交流和融合，体育舞蹈文化体系逐渐吸纳了越来越多的中国舞蹈元素，使体育舞蹈文化具有了中华民族的特色，彰显了中国的美学思想，体现出中华民族的审美特质。体育舞蹈的审美内容丰富多彩，下面具体分析体育舞蹈的一些主要审美内容。

1.健康美

健康美是身体美的一种基础表现，男子的壮美、女子的优美都是健康美的表现。人类最自然、最根本的特征是从其本身的健康状态中反映出来的，因此身体美必须建立在健康美的基础上。体育舞蹈发展中最基本的目标就是使人通过舞蹈达到健康美。

体育舞蹈的健康美包括身体健康美和精神健康美。体育舞蹈身体的健康美是指选手身体结构的健康满足状态，也就是从体育舞蹈中获得健康的身体形态、内脏机能与运动素质。体育舞蹈精神健康美主要表现在人性健康美和气质美两方面，见表6-1。

表6-1　体育舞蹈精神的健康美[①]

精神健康美	主要表现
人性的健康美	丰富的情感 基本的道德 高度的理性 坚强的意志
选手的气质美	形体健康挺拔 修养和心态良好 言谈举止礼貌得体

2.运动美

体育舞蹈的运动美是非常独特的，具体表现为动作美、技巧美和表现美三个方面。

（1）动作美

体育舞蹈运动的动作美主要体现舞者在表演时的刚健美、柔软美、力量美、爆发美、轻快美以及优雅美等方面。

（2）技巧美

体育舞蹈运动中含有一定的技巧，也就是技术的巧妙，从这一点来看，技巧美指的就是技术的巧妙美，具体包括造型美、准确美、变化美、韵律美等。

（3）表现美

体育舞蹈表现美是指在运动流程中能够看到的空间美，具体包括姿势美、结构美、情感美以及精神美等。

表现美在体育舞蹈比赛中展现得淋漓尽致，舞者在比赛中用美好的身体动作最大化地表达情感，整个比赛中表现出来的动作姿态是遵循美的规律而创作的成果，具有规范美和风格美，将审美情趣深深融入其中。

体育舞蹈的表现美从更直观的角度来看，是通过一定空间形式中的构

① 祝文钢，尹宁宁，尚悦.高校体育舞蹈创新与审美研究[M].北京：人民体育出版社，2017：76.

图、舞蹈画面以及音乐律动而呈现出来的。

表6-2是对上述体育舞蹈运动美的各种表现的直观呈现，使人一目了然。

表6-2　体育舞蹈运动美的主要表现

体育舞蹈运动美	美的表现
动作美	刚健美 柔软美 用力美 放松美 优雅美 速度美 爆发美 轻快美 ……
技巧美	造型美 准确美 变化美 韵律美 和谐美 ……
表现美	姿势美 结构美 情感美 精神美 ……

3.风度美

随着时代的进步与社会的发展，异性之间相互尊重，尤其是社会对女性的尊重逐渐成为现代社会文明的一个基本要求和重要表现，这在体育舞蹈中也得到较充分的体现。在体育舞蹈运动中，男女携手共舞、相互尊重，遵守基本的礼节要求，不仅不会让人觉得俗套，反而能让人感受到体育舞蹈所独有的优雅风度与魅力。

一般社交场合中的跳舞是自娱自乐性的，比较随意，而体育舞蹈则不同，每位舞者的言谈举止都要符合基本的礼仪规范，这是体育舞蹈的基本审美要求，也是尊重舞伴、尊重舞会策划者以及尊重观众的需要。

在体育舞蹈比赛中，舞者尤其要有风度，而且在神态、动作上都要体现出来。男士穿着燕尾服、系着白色领结，女士穿着高贵典雅的晚礼长裙，二人携手进场，完美演绎舞蹈作品，向裁判和观众致礼，再携手退场，整个过程中男士表现出温文尔雅、彬彬有礼的风度美，而女士表现出优雅柔媚的风度美。

4.音乐美

体育舞蹈的音乐包含多种常见的音乐风格和节拍形式。作为体育舞蹈的灵魂，音乐是体育舞蹈之美的根本因素，没有音乐，体育舞蹈的审美价值将大打折扣。体育舞蹈舞种较多，不同的舞种搭配不同风格、旋律的音乐。舞者在音乐中起舞，动作与音乐节奏一致，将音乐的情感、舞蹈的意境都通过肢体动作传达出来，充分彰显体育舞蹈的艺术感染力。

体育舞蹈的音乐是表达舞蹈情感的重要手段，是吸引和感染观众的重要方式，舞者动作与音乐的浑然一体能够将观众带入神奇的微妙情感和审美境界中，这是令人有万千遐想和心驰神往的境界。

体育舞蹈的音乐还具有对舞蹈动作的控制作用。在体育舞蹈比赛中，男女舞者默契配合，携手共舞，节奏同步，动作如行云流水一般，这不仅是对舞者单纯舞技的考验，而且还是对舞者根据音乐引导控制动作的能力的考验，只有跟随音乐的指挥，才能使肢体动作与音乐旋律完美协调，给观众带来和谐的表演作品和美好的视觉盛宴。

5.服饰美

体育舞蹈包括摩登舞与拉丁舞两大类，不同类型的体育舞蹈因为民族起源、风格特色的不同，对服饰也有不同的要求，不管是从事哪类体育舞蹈，都要选择相应舞种的专用服饰。

（1）摩登舞服饰

摩登舞起源于欧洲，因此浓浓的欧洲民族风情充分体现在摩登舞的专用服饰中。

摩登舞表演中，男士按正规礼仪要求着装，身穿燕尾服，突出优美的身体线条，显得深沉高雅，颈系白色领结，颇显气质，脚穿系带皮鞋（平跟），发型整齐，看上去整洁利落，风度翩翩。男士整体的装扮给人一种庄重高贵的绅士感。

摩登舞表演中的女士身穿露背晚礼长裙，长裙的式样、色彩往往是时下最潮流的，晚礼裙质地华丽，做工精细，将女士衬托得更加优雅、迷人，使女士的整体形象更加形象立体。

（2）拉丁舞服饰

拉丁舞表演中，舞者的服饰具有拉丁风情，男士身穿紧身衣裤，显示阳刚美；女士穿露背的草裙式短裙，展示优美线条。这些服饰融入了人体，使观众观赏表演时不自觉地欣赏他们绚丽多彩的服饰。

（四）教育性

教育的主体是人，对象也是人，教育从根本上来说就是"人"的教育。体育舞蹈文化具有重要的教育价值，体育舞蹈文化的传播与传承离不开一个个教育者和教育对象的付出，只有通过"人"才能实现体育舞蹈文化的传承。这里的"人"指的是身心健康、有个性、有创新精神、社会适应能力强、社会实践经验丰富的各方面素质协调发展的"人"。体育舞蹈具有完善人的个性，促进人全面发展的重要作用，促进个体完善集中反映了体育舞蹈的教育价值。

体育舞蹈具有教育价值，主要从体育舞蹈的普及性教育和提升素养的教育中体现出来。体育舞蹈的教育性往往被纳入大教育范畴中。人们参加体育舞蹈并不都是为了成为伟大的、闻名世界的舞蹈家，也不都是为了成为体育舞蹈方面的专业人才，也有很多人是为了强身健体、打造健康文明的生活方式以及提高自己的个人素养而参与体育舞蹈的，这便是大教育视角下体育舞蹈的教育价值的体现。

（五）风格各异

体育舞蹈的两大支系摩登舞和拉丁舞各有自己的风格特征。

摩登舞的肢体语言丰富多样，舞者通过细腻的动作表达内心的情感。其动作强调线条感和流畅性，舞步轻盈、洒脱，充满了现代气息。摩登舞的音乐节奏鲜明，旋律优美。舞者需与音乐紧密结合，使舞蹈动作更加富有韵味。摩登舞的音乐风格广泛，包括爵士、拉丁、流行等多样化的曲风。摩登舞强调情感的表达，舞者通过面部表情、眼神、肢体动作等传递内心的情感。这种情感表达使摩登舞具有很强的观赏性和艺术感染力。

拉丁舞起源于非洲和拉丁美洲，是具有拉丁风情的大众民间舞蹈，具有休闲放松、自由随意、激情浪漫、欢快活泼等特性。拉丁舞动作粗犷豪放，速度变化快，有丰富的手势和脚步动作，音乐节奏强烈鲜明，整体风格可以概括为热情奔放、浪漫且充满活力。

摩登舞和拉丁舞各自包括独具特色的舞蹈类型，不仅摩登舞和拉丁舞风格差异显著，各大支系中包括的舞蹈类型也风格各异。以拉丁舞中的恰恰恰、桑巴、伦巴、牛仔舞、斗牛舞为例，它们都有自己独特的风格特点。

恰恰恰是起源于非洲的一种舞蹈，后来逐渐向拉丁美洲传播，在古巴盛行。这种拉丁舞诙谐风趣，俏美热烈，风韵十足，节奏欢快，颇受年轻人青睐，是拉丁舞中受欢迎度最高的舞种。恰恰恰音乐节奏为4/4拍，每分钟30~32小节。每小节4拍。跳恰恰恰时，前进步时，前脚掌用力，重心向前移动后，放低脚跟，伸直膝盖，踏步时脚稍离地面即可，用以表达欢快的心情；后退步时，脚跟落地要延迟一会，防止重心突然转移而影响身体平衡。总之，跳好恰恰恰，要求舞姿正确，腿和足部动作稳定。

桑巴舞源于非洲的黑人舞蹈，后来传到巴西。巴西人为节奏微妙、感情强烈的桑巴舞着迷，因而桑巴舞很快在巴西流行，成为巴西的民族舞蹈，也逐渐成为巴西每年狂欢节中非常重要的一种文化活动，成为巴西舞蹈文化的标志。桑巴舞是一种行进性舞蹈，舞者沿舞程线方向绕场移动，这是它与其他拉丁舞舞种最大的区别。在拉丁舞系列中，桑巴舞是最强烈、个性节奏最突出的舞种。桑巴舞动作豪放，伴有强烈的起伏，舞步敏捷奔放，感染力很强。跳桑巴舞时，女伴细腻而灵巧地扭胯，男伴则以脚下动作炫舞技，个性十足。桑巴舞乐曲兴奋、热烈，音乐节拍为2/4拍，每分钟48～56小节。

伦巴舞是一种极具魅力的拉丁舞，被称为拉丁美洲音乐和舞蹈的精神与灵魂。它的起源与西班牙"波莱罗"及非洲黑人舞蹈有直接的关系。伦巴舞作为黑人的一种流行社交舞早期在古巴非常流行。20世纪30年代，古巴伦巴舞经英国皮埃尔夫妇表演后，在欧洲盛行开来，广受欢迎。伦巴舞是表达爱情的舞蹈，音乐浪漫缠绵，风格抒情柔美。伦巴舞表现男女的爱情生活，但具体表达的情感与音乐的基调有关，在不同的音乐基调下，有深沉、欢快、柔情、伤感等各种情感。伦巴舞的风格文静而含蓄、柔媚而抒情，将女性的婀娜多姿之美展现得非常突出。男士更多展现的是深情与活力。伦巴舞的音乐节奏为4/4拍，每分钟27～29小节。每小节4拍。4拍走3步，即1个慢步（占2拍）＋2个快步（各占1拍）。伦巴舞的舞步是由迈步和移动重心两个动作过程组成的。如果一个舞步需要1拍，前半拍移动脚，重心依然在非移动脚上，后半拍重心逐渐转移到移动脚上。如果一个舞步需要2拍，前半拍移动脚，后一拍半转移重心、完成身体动作。

牛仔舞是从美国西部发源的，第二次世界大战后传入英国，逐渐流行起来，在漫长的发展历史中形成了热烈欢快、诙谐风趣的舞蹈风格。踢踏动作是牛仔舞的一大特色，踢踏动作加上大幅度的扭摆、快速的旋转，使这一拉丁舞种表现出粗犷豪放的风格。牛仔舞中还有不少举持、拖甩舞伴的动作，这些动作使牧人强健的体魄、自由奔放的情感得到充分彰显。牛仔舞音乐节奏欢快，律动感很强，音乐是4/4拍，每分钟40～46小节。

斗牛舞起源于西班牙，是经过对西班牙斗牛士斗牛动作的模仿而创编的一种拉丁舞，在法国流行后发展为广受世界瞩目的国际标准舞。斗牛舞音乐是西班牙风格进行曲。斗牛舞中男士是"斗牛士"的角色，女士是斗牛士手中"红斗篷"的角色。斗牛士在舞动时展现出威武雄壮、斗志昂扬的豪迈气概。斗牛舞的音乐是2/4拍，每分钟60～62小节，一般每拍跳一步。

总之，摩登舞和拉丁舞风格各异，它们都以其独特的风格和美学特征在世界舞蹈舞台上独树一帜、大放异彩。

三、体育舞蹈礼仪文化

（一）体育舞蹈礼仪概述

学术界对体育礼仪概念的解释是比较统一的，它指的是人们在体育运动中应该呈现的互相尊重、友善亲和的规范准则。[①]体育文化活动中的语言、仪态、服饰、装扮、仪式、礼俗等都属于体育礼仪的现实表达方式和呈现载体。

通过体育礼仪的概念，可以将体育舞蹈礼仪定义为舞者在体育舞蹈运动中应该呈现的互相尊重、友善亲和的规范准则。体育礼仪与体育规则关系密切，二者相伴相生。体育舞蹈的基础性礼仪规范已在体育舞蹈规则中被明确定义，从中可以明晰体育舞蹈礼仪的本意要求，具有教育意义。

体育舞蹈礼仪既包括体育舞蹈竞赛的规范约定，也包括生活中的相关礼仪。体育舞蹈礼仪是生活礼仪在体育舞蹈中的呈现，是对生活礼仪的一种升华，它集中反映了体育舞蹈作为艺术运动的客观要求。体育舞蹈礼仪的范畴比较广，包含所有能够使体育舞蹈的文明特性、高雅特性和优美特性得到强化的相关礼仪。体育舞蹈礼仪既有面向舞者的部分，也有面向社会的部分，前者主要从舞者的个人修养中体现出来，如道德品质、文化素养等；后者主要是对社会道德规范、文明生活习惯的反映。

体育舞蹈礼仪的表达方式有自身的独特性，一般意义上的礼仪是外显的、直观的，反映的是个人的内在修养，体育舞蹈礼仪要通过体育舞蹈的多个环节来呈现与表达。舞者在体育舞蹈训练中、比赛中或日常活动中都应该遵守礼仪要求，充分表达礼仪，要将体育舞蹈礼仪呈现在竞技场上和生活环境中。体育舞蹈礼仪的呈现与体育舞蹈环境无关，不管是什么样的环境，对礼仪的本质要求是不变的，所以无论环境如何，舞者都要将体育舞蹈礼仪淋漓尽致地呈现与表达出来。

---

① 庞志宏.体育舞蹈礼仪文化内涵及教育功能分析[J].中国包装，2018，38（03）：73-75.

（二）体育舞蹈礼仪的内涵

体育舞蹈礼仪内涵丰富，主要从以下几个方面体现出来。

1.严谨的礼仪程式

体育舞蹈有比较严谨的礼仪程式与要求，舞者在整个运动过程中都要遵循礼仪规范去完成动作，表达情感，要在每一次的举手投足间尽显体育舞蹈的礼仪规范和自己的内在修养。体育舞蹈的特有风格要求舞者在竞技过程中遵守约定俗成的礼仪程式，这样既能获得裁判的赞赏，又能赢得观众的尊重。遵守礼仪规范的舞者行为举止上给人留下气度不凡的良好印象，能够强化观众的审美体验。

2.礼仪表达了内在愉悦情感

礼仪的表达是相互的，施礼与还礼往往相伴出现，这是礼尚往来的表现，也是人们真情实意交流的前提条件。在施礼与还礼的过程中伴随着信息的交流、情感的互动，表达了双方相互信任、相互尊重，这是体育舞蹈运动的艺术表现，是舞伴之间的情感交流，也是舞者与观众的情感互动，观众所感受到的细腻柔和的情感是舞者用心舞动的结果。

3.通过内在修养表达礼仪

人与社会的互动关系体现在礼仪的呈现与表达中，个人的礼仪表现反映了其对社会的认知水平和满意度。礼仪是外在的，反映了一个人的思想道德、内在修养和学识能力。社会文明的发展催生了体育舞蹈礼仪，人类文明的进步使体育舞蹈礼仪在世界各地逐渐盛行。

在人类的社会交往中，礼仪必不可少，而在舞者的社会交往中，体育舞蹈礼仪也是不可或缺的。舞者必须自己先具备一定的内在修养才能通过体育舞蹈实现社会交往，才能与舞伴、裁判和观众"对话"，所以舞者的礼仪规范中含有其必备的修养，舞者用自己的内在修养去表达体育舞蹈礼仪，如舞伴之间的相互尊重、默契合作、女士优先等反映了舞者有学识、懂礼貌的良好修养。

4.通过优雅风度彰显礼仪

体育舞蹈运动中，舞者风度的呈现高度与体育舞蹈礼仪的审美取向息息相关。舞者通过自己的礼貌行为来彰显自己的优雅风度，呈现体育舞蹈礼仪。体育舞蹈礼仪对舞者礼貌风度提出了高层次要求，即拥有美好的外在形象和优雅的风度气质。

舞者通过优雅风度彰显体育舞蹈礼仪时，也要关注一些细节方面的要求。比如，在体育舞蹈运动中保持挺拔的身体姿态，姿态挺拔是有礼貌、有教养的一种表现，也会给观众留下健康、大方、有活力的印象，给人以健康和积极向上之感。

四、体育舞蹈赛事的欣赏

（一）欣赏层次

观赏体育舞蹈比赛，能够达到一种精神上的享受和心理上的满足。体育舞蹈比赛的欣赏有下面三个不同的层次。

1.感性层

对体育舞蹈比赛感性层面的欣赏是指从感官上直接欣赏体育舞蹈比赛的舞台布置，音乐，舞者的动作表现、服饰、礼仪以及主持人的主持风格等内容。感性层次的欣赏强调的是最直观的感受，是观众观看体育舞蹈比赛最真实的感受。相对来说，感性欣赏属于一种浅层欣赏方式，有待向深层欣赏逐步深化。

2.理性层

从理性层次上欣赏体育舞蹈比赛，主要是通过欣赏比赛去追求更高层次的目标，如从比赛中对体育舞蹈的文化内涵、艺术价值有更加深刻的了解，被舞者的礼仪、气质、精神、技能所折服和感动，审美水平有了提高，实现了精神上的享受和满足，精神上达到了更高的境界。

3.实践层

精彩的体育舞蹈赛事令人振奋和陶醉，吸引了广大观众对体育舞蹈的关注和参与，激发了观众亲身参与体育舞蹈的积极主动性，提升了观众亲身体验体育舞蹈魅力和趣味的热情，更唤起了人们对包括体育舞蹈赛事在内的各种体育舞蹈活动的强烈参与感、体验感以及享受感，使人们通过参与体育舞蹈比赛而获得强身健体、休闲放松、扩大社交、陶冶情操等效果。人们通过实践参与而感受体育舞蹈魅力，从台下走到台上，从观众变为舞者，这是一种值得推广的体育舞蹈欣赏层次。

（二）欣赏内容

观看体育舞蹈比赛时，可以重点对以下内容加以欣赏。

1.欣赏舞者的形体和技术动作

在体育舞蹈赛事欣赏中，舞者身体形态和技术动作是最基础、最直接的欣赏内容。舞台上的选手身体线条优美，男士展示出阳刚的体魄，女士呈现出阴柔之美，男女默契配合，动作规范、舒展，尤其是脚下动作非常细腻，如行云流水，二人共同将体育舞蹈的魅力完美展现出来，令观众掌声连连，赞不绝口。

2.欣赏舞者的服装

在体育舞蹈比赛中，摩登舞和拉丁舞这两个舞系的服装各有特点。观众要学会欣赏不同舞系、舞种的服装风格与特色。

摩登舞起源于欧洲，因此浓浓的欧洲民族风情充分体现在摩登舞的专用服饰中。摩登舞比赛中，男士按正规礼仪要求着装，身穿燕尾服，突出优美的身体线条，显得深沉高雅，颈系白色领结，颇显气质，脚穿系带皮鞋（平跟），发型整齐，看上去整洁利落，风度翩翩。男士装扮整体给人一种庄重高贵绅士感。摩登舞比赛中女士身穿露背晚礼长裙，长裙的式样、颜色往往是时下最潮流的，晚礼裙质地华丽，做工精细，将女士衬托得更加优雅、迷人，使女士的整体形象更加形象立体。

在拉丁舞比赛中，舞者的服饰具有拉丁风情，男士身穿紧身衣裤，显示阳刚美；女士穿露背的草裙式短裙，展示优美线条。这些服饰融入了人体，使观众观赏比赛时不自觉地欣赏他们绚丽多彩的服饰。

3.欣赏舞者的风度

体育舞蹈比赛中，参赛选手的言谈举止都要符合基本的礼仪规范，遵守规则，达到审美要求。赛场上的舞者从神态、动作中表现出良好的风度。

摩登舞的所有舞种中，除了探戈外，其他都是从欧洲大陆产生与兴起的，非常讲究穿着，将欧洲男士的绅士风度和女士的妩媚闺秀展现得淋漓尽致。尤其是女性，比赛服装选择艳丽而飘逸的长裙，将她们衬托得更加美丽、高雅。

在拉丁舞的所有舞种中，除斗牛舞外，其他都是从美洲地区产生和兴起的。拉丁舞比赛选手中，男士普遍具有美洲男士的威武雄壮、勇猛彪悍，充分展现出个性美。女士则展现出美洲女性热情奔放、生动活泼的一面，使比赛氛围显得更加欢乐活泼。

4.欣赏舞蹈的音乐

体育舞蹈比赛之所以有迷人的魅力，关键是因为有体育舞蹈的灵魂——音乐的存在。不同舞种有不同的音乐风格与特色，在欣赏不同舞种的比赛时，要清楚各自配套音乐的特点，有重点地欣赏。对不同舞种音乐风格的概括见表6-3。

表6-3 体育舞蹈各舞种音乐风格[①]

舞系	舞种	音乐风格
拉丁舞	伦巴	缠绵抒情，柔美动听
	桑巴	活泼动听，律动感强
	恰恰恰	欢快热烈，浪漫风趣
	牛仔舞	热烈欢快，轻松自如
	斗牛	雄壮激昂，刚健有力
摩登舞	华尔兹	旋律优美，潇洒典雅
	快步	节奏明快，逍遥自在
	狐步	徐缓流畅，柔和飘逸
	探戈	抑扬顿挫，刚强有力
	维也纳华尔兹	节奏清晰，旋律活泼

总之，体育舞蹈的多元音乐风格充分展示了体育舞蹈比赛的魅力和欣赏价值，因而应将其作为体育舞蹈欣赏的一个重点对象。

5.欣赏主持人

体育舞蹈比赛中，主持人制可以说是一个非常显著的特色。主持人的引导和控制贯穿于体育舞蹈比赛的始终，这是体育舞蹈比赛顺利、有序进行的重要条件。主持人对比赛节奏加以把控，通过整体的协调安排，循序渐进地将比赛推向高潮，观众欣赏比赛时的情绪也逐渐升华，给观众带来良好的审美体验。因而，体育舞蹈大赛主持人的主持风格、控场能力也成为体育舞蹈赛事欣赏的重要内容之一。

6.欣赏裁判的执裁水平

体育舞蹈比赛采用的是现场直接评判、评分的裁判方式，体育舞蹈比赛

---

① 王惊雷.体育舞蹈欣赏探析[J].科教导刊（中旬刊），2011（22）：247-248.

的结果是否公正，能否令专业人士和观众信服，直接取决于裁判员的执裁水平。裁判执裁牵动着赛场每位选手及观众的心，对观众的欣赏情绪有直接的影响。为保证体育舞蹈赛事结果的公平公正，满足观众观赏公平赛事的需求，要求裁判员严格按照体育舞蹈竞赛规则评分，要做到态度严肃，评分公正。为了应对赛场上可能的突发情况，要求裁判员具有良好的身心素质、精神状态以及较强的临场执裁能力。

第二节　摩登舞技能教学

摩登舞包括华尔兹、维也纳华尔兹、探戈、狐步和快步舞。下面主要选取华尔兹和维也纳华尔兹两项舞蹈对其技能进行分析。

一、华尔兹技能教学

（一）前进步

华尔兹前进步的具体舞步动作如图6-1所示。
（1）男士左足前进；女士右足后退。
（2）男士右足横步；女士左足横步。
（3）男士左足并于右足；女士右足并于左足。

（二）右转步

右转步舞步动作如图6-2所示。

体育艺术类项目教学与产业化发展研究

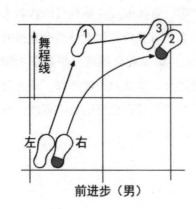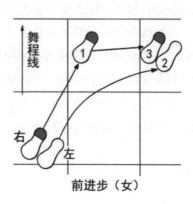

图6-1 前进步

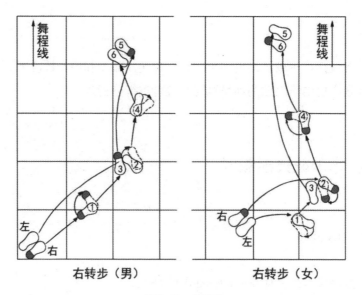

图6-2 右转步

（1）男士右足前进，落地后即向右转身；女士左足后退，落地后向右转身。

（2）男士左足横步，身体继续右转；女士右足横步，身体继续右转。

（3）男士右足并步，身体右转至3/8周；女士左足并步，身体右转至3/8周。

（4）男士左足后退，落地后逐渐右转；女士右足前进，落地后逐渐右转。

（5）男士右足横步，身体继续向右转；女士左足横步，落地后逐渐右转。

（6）男士左足并步，身体右转至3/8周；女士右足并步，身体右转至3/8周。

（三）左转步

左转步舞步动作具体如图6-3所示。

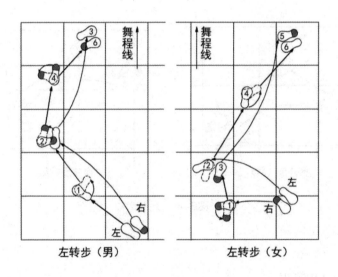

图6-3　左转步

（1）男士左足前进，落地后转身向左；女士右足横步后退，落地后向左转身。

（2）男士右足前进横步，继续左转；女士左足后退，继续左转。

（3）男士左足并于右足，身体向左转至3/8周；女士右足并于左足，身体左转至3/8周。

（4）男士右足后退转身向左；女士左足前进，向左转身。

（5）男士左足后退横步继续左转；女士右足前进横步，继续左转。

（6）男士右足并于左足，身体转至3/8周；女士左足并于右足，身体左转至3/8周。

（四）换并步

换并步舞步动作如图6-4所示。

（1）男士右足前进；女士左足后退。

（2）男士左足前进横步；女士右足后退横步。

（3）男士右足并步；女士左足并步。

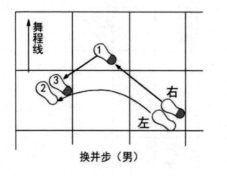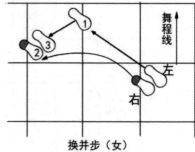

图6-4　换并步

（五）跨踏步

（1）男士左脚前进开始左转，着地时先脚掌后脚跟；女士右脚后退开始左转，着地时先脚掌后脚跟。

（2）男士右脚横步1～2之间转1/4周，着地时用脚掌；女士左脚横步1～2之间转1/4周，着地时用脚掌。

（3）男士左脚并与右脚不置重量2～3之间转1/8周（掌跟重心在右脚）；女士右脚并与左脚不置重量2～3之间转1/8周（掌跟重心在左脚）。

（六）侧行追步

侧行追步共有四步，由开式舞姿开始，节奏为1、2、&、3。

（1）男士右脚前进并交叉于反身动作位置，着地时先脚跟后脚掌；女士左脚前进并交叉于反身动作位置，着地时先脚跟后脚掌，开始左转。

（2）男士左脚横步，着地时用脚掌；女士右脚横步，着地时用脚掌，1~2转1/8周。

（3）男士左脚并与右脚，着地时用脚掌；女士左脚并与右脚，着地时用脚掌，2~3转1/8周，身体稍转。

（4）男士右脚横步稍后，着地时先脚掌后脚跟；女士右脚横步稍后，着地时先脚掌后脚跟。

（七）左脚并换步

（1）男士左脚前进；女士右脚后退。

（2）男士右脚经左脚横步稍前；女士左脚经右脚横步稍后。

（3）男士左脚并于右脚；女士右脚并于左脚。

二、维也纳华尔兹技能教学

维也纳华尔兹又称"快华尔兹""快三步"，它的音乐为3/4拍或6/8拍，每分钟56~60小节左右。基本舞步动作如下。

（一）1/4转身

维也纳华尔兹的1/4转身动作如图6-5所示。

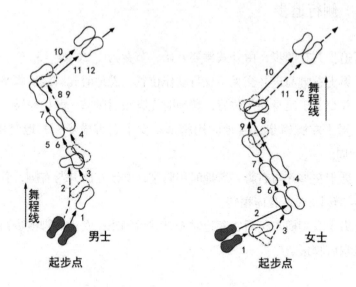

图6-5　维也纳华尔兹的1/4转身

（1）男士右脚前进向右转身，女士左脚后退向右转身（快）。

（2）男士左脚小步继续右转，女士右脚后退（快）。

（3）男士右脚并左脚（舞程线改变，由面对右角变为背向左角），女士左脚并右脚（快）。

（4）男士左脚后退，女士右脚前进向左转身（快）。

（5）男士右脚退后靠拢左脚，女士左脚前进靠近右脚（快）。

（6）男士右脚靠在左脚上面，但重心仍在左脚上；女士左脚靠在右脚上（快）。

（7）男士右脚后退向左转身，女士左脚傍步（快）。

（8）男士左脚靠着右脚，右脚用脚跟向左转身；女士右脚傍步（快）。

（9）男士由背向左角变为面对右角，女士左脚并右脚（快）。

（10）男士左脚前进，女士右脚后退（快）。

（11）男士右脚前进靠拢左脚，女士左脚后退靠拢右脚（快）。

（12）男士右脚靠在左脚上，但重心仍在左脚上面；女士左脚靠在右脚上（快）。

（二）蹉蹉步

蹉蹉步动作如图6-6所示。

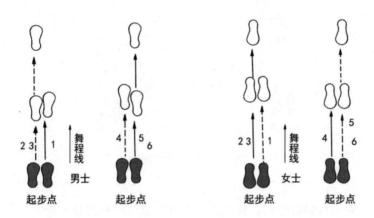

图6-6　蹉蹉步

（1）男士右脚前进，女士左脚后退（快）。

（2）男士右脚前进并右脚（左脚在右脚之后约半脚位），女士右脚后退靠拢左脚（快）。

（3）男士左脚靠在右脚上，但身体重心仍在右脚上；女士右靠在左脚上（快）。

（4）男士左脚前进，女右脚后退（快）。

（5）男士右脚前进靠拢左脚（右脚在左脚之后约半足位），女士左脚后退靠拢右脚（快）。

（6）男士右脚靠在左脚上，但身体重心仍在左脚上，女士左脚靠在右脚上（快）。

（三）180°右转

180°右转舞步动作如图6-7所示。

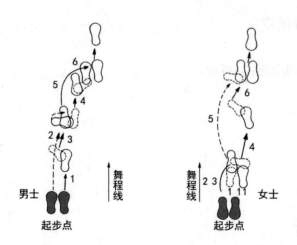

图6-7　180°右转舞步

（1）男士右脚前进向右转身；女士左脚退后向右转身（快）。

（2）男士左脚小步旁步右转；女士右脚并左脚，用左脚跟向右转身（脚跟轴转）（快）。

（3）男士右脚并左脚（背向舞程线）；女士右脚并左脚，用左脚跟向右转身（脚跟轴转）（快）。

（4）男士左脚退后向右转身，女士右脚前进向右转身（快）。

（5）男士右脚并左脚，用左脚跟向右转身（脚跟轴转），女士同男子第二步、第三步（慢）。

（6）同第五步。

（四）交叉左转

交叉左转舞步动作具体如图6-8所示。

（1）男士左脚前进，向左转身；女士右脚后退，向左转身（快）。

（2）男士右脚旁步继续左转，女士同男子第五步（快）。

（3）男士左脚交叉在右脚的前面（背向舞程线），女士同男子第六步（快）。

（4）男士右脚后退，向左转身；女士左脚前进，向左转身（快）。

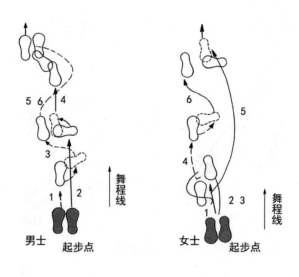

图6-8　交叉左转舞步

（5）男士左脚并右脚，身体重心仍在右脚上，用右脚脚跟向左转180°，女士脚步同男子第二步、第三步（慢）。

（6）同第五步（慢）。

（五）左转

左转舞步动作如图6-9所示。

（1）男士左脚前进，向左转身；女士右脚后退，向左转身（快）。

（2）男士右脚旁步继续左转，女士同男子第五步（快）。

（3）男士左脚并右脚（背向舞程线），女士同男子第六步（快）。

（4）男士右脚后退，向左转身；女士左脚前进，向左转身（快）。

（5）男士左脚并右脚，身体重心在左脚上，右脚向左转135°，女士同男第三步、第四步（慢）。

（6）同第五步（慢）。

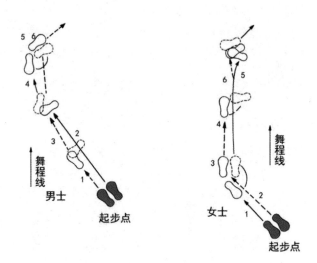

图6-9　左转舞步

（六）右转

右转舞步动作如图6-10所示。

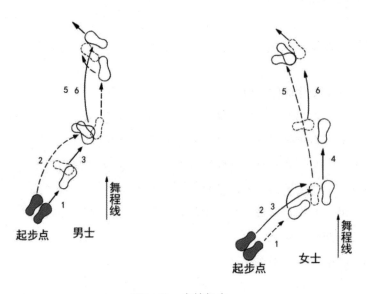

图6-10　右转舞步

（1）男士右脚前进，向右转身；女士左脚后退，向右转身（快）。

（2）男士左脚旁步继续右转，女士步同男子第四步（快）。

（3）男士右脚并左脚（背向舞程线），女士步同男子第五步（快）。

（4）男士左脚后退，向右转身，女士步同男子第一步（快）。

（5）男士右脚并左脚，身体重心仍在左脚上，用左脚脚跟向右转身，女士同男第二步、第三步（慢）。

（6）同第五步（慢）。

在摩登舞技能教学中要注意强调"贴身"位置，摩登舞要求两名舞者保持一定的"贴身"位置，该姿势贯穿于整个舞蹈过程中。这是两名舞者相互传递信息、默契配合的关键。舞者连贯完成完整的舞蹈动作正需要"贴身"这种身体语言的引导。将"贴身"的相对姿势保持到底存在较大的难度，对舞者各个身体部位的姿势及配合都有严格的要求，舞者不仅要将自己的重心控制好，还要将自己与舞伴跳舞过程中的共同重心控制好，使"贴身"位置达到很好的效果。舞者跳舞时整体造型优美，身体各部位按要求活动、伸延、充分舒展，非常具有欣赏价值。参与摩登舞运动，要掌握基本技巧，就要能保持良好的"贴身"位置，灵活运用该姿势来传递信息、控制重心、引导舞伴。

第三节　拉丁舞技能教学

拉丁舞有五个不同的舞种，分别是激情澎湃的桑巴、活力四射的恰恰恰、婀娜多姿的伦巴、轻松逗趣的牛仔以及强劲剽悍的斗牛。

一、拉丁舞基本动作教学

（一）抑制前进步

抑制前进步主要出现在伦巴和恰恰恰舞蹈中，在跳舞时有时为了改变方向要跳一个前进步，抑制前进步就是向前跳时用于停顿的那一步。

抑制前进步不同于一般的前进走步，一般的前进走步结束时，重心转移到了前脚，在前脚转胯前已经先直膝，为下一步移动做准备。抑制前进步则不同，其方法和特点如下。

（1）向前移动的脚可以早于上体移动到位。

（2）身体重心不全在前脚上，前移脚约外转1/16圈。

（3）前腿直膝，后腿屈膝，两膝相靠，后膝与前腿腘窝相扣。

（二）前进走步转

前进走步转是一种变换方向的动作，类似于前进走步，但强调各部位转动时角度的均匀，最终使相应部位都转动到位。做向前跳的动作时，需要通过转动改变下一步方向，采用前进走步转的方式既能改变下一步方向，又不会对原来的上体动作造成影响。

伦巴舞中，舞者若是在开式或扇形步位上结束，向另一个方向转，接下来必须做前进走步转。

为改变方向而采用前进走步转时，从方向上看前进变为后退，上体转动的最大幅度是3/8圈，结束脚位"在后稍侧"。如果上体转动幅度需要更大一些，那么需要靠其后的后退步辅助来达到目的。

（三）延缓走步

延缓走步是伦巴和恰恰恰中用来变换上体和脚部运动速度的一种特殊的走步动作，它能够使舞蹈的律动性更突出。常见的延缓走步方式有直膝延缓前进走步、屈膝延缓前进/后退走步。

做延缓走步的动作时，移动脚比上体先到位，不需要立刻随之移动重心，要比正常走步稍晚一些移动重心，重心移动到位的同时也要同步完成上体和转胯动作。

跳延缓前进走步时，移动腿可以直膝也可以屈膝，但当重心落在移动脚上时，需要伸直膝盖。

（四）手臂位置

在拉丁舞中，手臂是身体的延伸，手臂动作在身体动作稍后完成，手臂移动要与音乐节拍完全相符，将拉丁舞的柔美与律动体现在从肩、臂到手腕、手指的每个细节中。典型的手臂位置有以下几种：（1）手臂伸展；（2）手臂向前、收回；（3）手臂向旁、收回；（4）手臂向侧、略收回；（5）手臂挥过身体异侧、收回。

在拉丁舞中，做胯部动作时，先由胯带动下肢，再带动上体，然后向手臂延伸，最后到达手指，整个过程流畅自然，浑然一体，循环式轮回，协调又平衡，给人一种外柔内刚的感觉。手臂动作练习中要与脚部、胯部、腰部等部位协调配合，并要在理解音乐的前提下进行配合练习。

（五）拉丁交叉步

在拉丁舞中，不管是前交叉还是后交叉，结束时的脚步位置都是拉丁交叉步，该脚步位置主要有两种表现：一种是左脚向后交叉，另一种是右脚向后交叉。

以"右脚向后交叉"为例，当右脚在左脚后方交叉时，两腿屈膝，右脚尖向外转，与左脚跟大约间隔15厘米。

二、伦巴技能学练

（一）基本动作

伦巴舞的基本动作是其他舞步的学习基础，如图6-11所示。

（1）男士左脚前进，胯向左后摆转；女士右脚后退，髋向右后摆转。

（2）男士重心移至右脚，胯向右后摆转；女士重心移至左脚，胯向左后摆转。

（3）男士左脚横步稍后，胯经前向左后摆转；女士右脚横步稍前，胯经前向右后摆转。

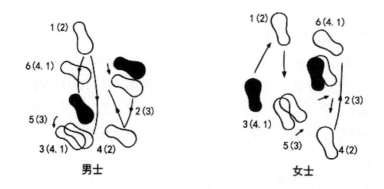

图6-11　基本动作

（二）扇形步

男女舞伴向左右打开，形成扇形面舞姿（图6-12）。

（1）男士右脚后退（闭式舞姿准备）；女士左脚前进，准备左转。

（2）男士重心前移至左脚，右手带领女士左转；女士上右脚准备左转，右脚后退。

（3）男士右脚步横步与女士分离，左手握女士右手；女士左脚步后退与男士分离（节奏4）。

（4）男士重心移至右脚，右胯摆出，完成扇形步；女士重心移至左脚，右胯摆转，完成扇形步。

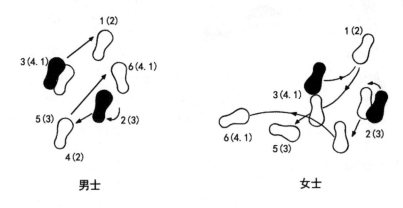

图6-12　扇形步

（三）曲棍步

节拍2小节6步（图6-13）。

（1）男士左脚前进（以扇形舞姿准备）；女士右脚收并左脚，拧胯，重心移至右脚，收腹上提，两脚相夹。

（2）男士重心后移至后脚，收腹上展；女士左脚前进，腿形要美，手臂打开。

（3）男士左脚并右脚，左手拇指向下锁住女士；女士右脚前进，靠近男士左侧，手臂前上。

（4）男士右脚后退，稍右转25°，手指相接；女士左脚向左斜出前25°前进，准备左转。

（5）男士重心前移至左脚，上体不变；女士右脚横步稍前，左转5/8周与男士相对位。

（6）男士右脚前进，从第4步至第6步共转1/8周；女士左脚后退，从第4步至第6步共转5/8周。

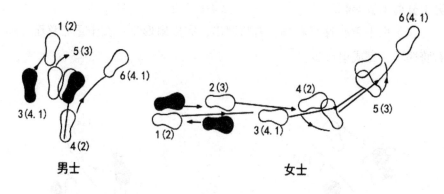

图6-13　曲棍步

（四）螺旋步

从开式舞姿合成闭式做螺旋步（图6-14）。

（1）男士左脚踏步，左转1/8周；女士右脚后退，右转3/8周。

（2）男士重心移向右脚；女士重心移至左脚。

（3）男士重心移向左脚，节奏4.1，引导女士旋转；女士右脚在左脚前交叉，以右脚掌为轴向左拧转，经与男士相对后再继续左拧转，从3到4.1共转360°后右脚在左脚前交叉。

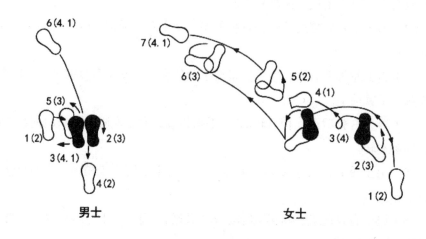

图6-14　螺旋步

（五）右陀螺转

男女舞伴从开式舞姿合成闭式舞姿后，一起在原地旋转。节拍2小节6步（图6-15）。

（1）男士左脚前进，由开式合为闭式，肩对肩；女士右脚后退。

（2）男士重心移至右脚；女士重心移至左脚。

（3）男士左脚横步，右转引带女士；女士右脚向男士双脚中间前进，呈闭式舞姿。

（4）男士右脚掌踏在左脚跟后面右转；女士左脚横步，走直线。

（5）男士左脚横步（有力度感）；女士右脚在左脚前交叉，脚尖外开。

（6）男士右脚并脚（两腿间有吸力）；女士左脚横步。

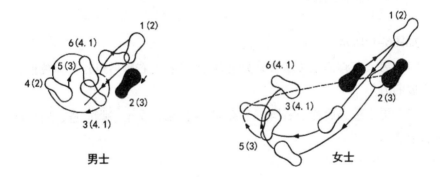

图6-15　右陀螺转

（六）右分展步

右分展步是连接动作，右分展后可接螺旋转等动作，节拍1小节3步（图6-16）。

（1）男士左脚横步稍前，右手扶女士；女士右脚后退，右脚转1/2周。

（2）男士重心移至右脚；女士重心移至左脚，向左转1/4周。

（3）男士左脚并右脚，手臂不可太高；女士右脚横步，向左转与男士合成闭式舞姿。

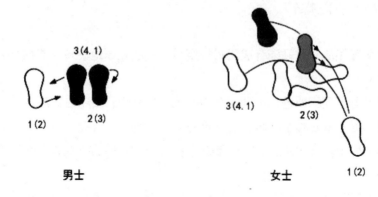

图6-16　右分展步

（七）开式胯扭转

如图6-17所示。

（1）男士左脚前进（从开式舞姿开始）；女士右脚后退，身体放松，有向上展的力。

（2）男士重心后移至右脚，节奏3时踩慢拍；女士左脚前进，向男性的稍右上步。

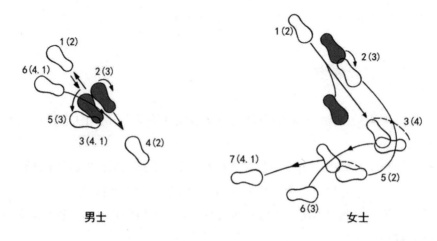

图6-17　开式扭胯转

（3）男士节拍4左脚向右脚并步，节拍1时，重心移至左脚，左手用小臂及手腕带女士扭胯转；女士节拍4时右脚前进靠近男士，节拍1时以右脚掌为轴，向右用力扭胯右转1/4。

（4）男士右脚后退，保持正常舞姿；女士左脚前进，有一定的返身动作。

（5）男士重心前移至左脚；女士右脚横步，左转。

（6）男士右脚横步打开；女士左脚后退，这小节共转5/8周。

（八）阿莱曼娜

从扇形位连接，可以接开式、闭式、套锁式、手接手、点转，节拍2小节6步（图6-18）。

（1）男士从扇位开始，左脚前进；女士右脚掌向左脚并步，脚跟踏下拧胯。

（2）男士重心后移至右脚；女士左脚前进。

（3）男士左脚并右脚，手过头成30°角；女士右脚前进靠近男士，不要超男士领带线，在1的后半拍（&）时略向右转（由男士引带，眼对视）。

（4）男士右脚后退，步子小些；女士以右脚为轴，向男左臂下转1/4周左脚在前。

（5）男士重心移至左脚；女士左脚为轴，继续右转1/4周，右脚前进。

（6）男士右脚并左脚；女士左脚前进，右转1/4周成闭式。

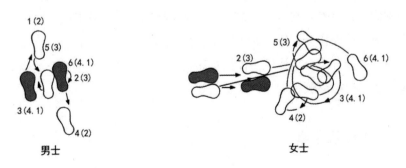

男士　　　　　　　　　　　女士

图6-18　阿莱曼娜

第四节　体育舞蹈成套动作创编技能教学

一、适用于课堂教学的组合动作的编排

组合动作是由若干单个动作按照一定的规律、顺序结合起来的整体动作。在体育舞蹈教学中，对基本动作、组合动作的传授是最基础的环节。教师要根据教学对象的学习水平而编排组合动作，为不同水平的学生服务，提高课堂体育舞蹈教学效果。教师设计与编排体育舞蹈组合动作，一定要将体育舞蹈教学大纲作为主要参考依据，并结合具体的教学计划进行编排，区分一般动作和重难点动作。

（一）编排要点

（1）组合动作由单个动作组合而成，教师要从教学实际尤其是学生实际出发，并结合教学目标而对难度适宜的单个动作进行选择，组合成长度适宜的组合动作。

（2）将组合动作的各个动作要素熟练掌握，包括动作要领、前导步和衔接步。

（3）按照科学的规律加以组合，确保结构完整、合理，并且要考虑与音乐结构的一致性和适应性。一般一个完整的段落由8小节组成，其中有重复动作，但这些动作会在舞池的不同位置呈现出来的。

（4）设计好组合动作后，根据具体情况进行调节，促进组合动作的不断完善，使学生能够顺利参与，满足需要。

（二）注意事项

（1）把握好动作的难度，太难会使学生产生畏惧感，太简单又不足以培

养学生的兴趣，难度适宜的前提下，学生经过反复练习便能熟练掌握各段的组合动作。

（2）学校的体育舞蹈教学场地设施条件会影响教学内容的实施，因此教师要先清楚教学场地的规格，然后根据场地大小设计组合动作，确保学生在现有教学条件下能顺利完成这部分的学习。

（3）由若干组合动作串联而成的段落要有完整的结构，一个段落中允许出现重复的组合动作。

（4）面向学生设计组合动作，要区别于体育舞蹈比赛场上的竞技套路动作，组合动作的编排以培养学生的运动兴趣、增强学生体质、锻炼学生的协作能力为主，在明确教学目标的基础上进行有针对性的编排。

二、适用于竞技场合的套路动作的编排

竞技体育舞蹈套路动作是体育舞蹈运动员或运动水平较高的业余爱好者在竞技场上展示自我舞蹈能力和综合魅力的重要载体。对这类动作进行编排，要以在竞技比赛中取得好成绩为主。

（一）编排要点

（1）组合动作是完整套路的重要组成单位，要先根据运动员的实际水平而设计组合动作，反复推敲、分析、归纳、整合，最终创造出完整的成套动作。

（2）尽可能从运动员比较擅长、能连贯完成的素材中筛选组合动作，但筛选的动作也要有一定的难度，要激发运动员努力训练的动机和积极性，使其经过反复训练而能熟练完成有难度的组合动作，最终准确而连贯地完成整套动作。

（3）成套动作有完整的结构，组成要素之间紧密衔接。编排者不能将若干组合动作简单堆砌起来而组成看似完整的成套动作，应该积极思考，尝试

创新，创编一套科学的、操作性强的、新颖独特的套路动作。成套动作中分小段和大段，一般小段包括8小节，4个小段组合成一个大段，可以有重复。

（4）成套动作创编完后，要根据运动员的练习情况而灵活调整，尽可能使运动员在这套动作中将自己的舞蹈水平和综合魅力充分展现出来，成套动作的编排要为运动员的比赛成绩而服务。

（二）注意事项

（1）编排成套动作和编排组合动作有相同的地方，如动作之间合理衔接、结构完整等。二者之间也有区别，如前者是面向运动员，后者是面向学生，适用的对象不同，编排的目的自然也有差异，而且针对运动员而筛选的动作难度较大，以提高竞技能力为主要目标，面向学生而筛选的动作难度较小，以增强体质为主要目标。

（2）完整的套路动作中，各锻炼环节之间的连接应连贯顺畅，巧妙处理衔接动作和过渡动作，达到起承转合的效果。

（3）整套动作结构完整，由开始部分、进入部分、高潮部分和结束部分组成。

（4）成套动作编排中，要注意双人配合的协调性，动作要有流动性，旋转速度要快，要能将运动员的竞技意识、表演意识体现出来，技术水平高、难度大，体现我国竞技体育舞蹈发展的真实水平。

（5）成套动作要有特色，有亮点，抓人眼球，并能充分展现运动员的个性。

（6）了解国际体育舞蹈的发展趋势，结合时代潮流和流行舞而编排成套动作，体现出时代性和前沿性。

三、适用于舞台表演的艺术表演舞的编排

艺术表演舞是国际标准舞的派生舞蹈，这类摩登舞独具中国特色，与中

国舞蹈爱好者的审美要求相符，这种艺术形式能够将人的思想感情生动地展现出来，艺术表演舞是一种创作类舞蹈，创作过程中要以体育舞蹈为载体，具有体育舞蹈的特色。下面具体分析这类舞蹈的编排方法。

（一）构思

构思是创作的第一环节，构思舞蹈作品要运用形象的舞蹈思维。构思的内容主要包括选材和结构。

1.选材

不管编排什么类型的舞蹈，选材都是必不可少的基础步骤，编者根据编排需要、编排目的，从专业素养角度选择相应的题材。选材这个环节中的个性色彩是比较明显的，因为从中能了解编者的主观意愿。舞蹈中常见的题材内容无非是表达喜、怒、哀、乐、悲、欢、离、合等情感的。编者对题材的认知水平和理解能力与其自身的创编素养有直接的关系，编者要不断提高自己的专业创作素养，在不断的创编学习和实践中积累经验，提高创编水平。提高对素材的选择、加工及再创造能力。

创编者在素材的筛选环节要对体育舞蹈的特征和发展趋势予以考虑，要选择丰富的题材，以创新的方式去处理和深加工，但在创新中要把握好度，不能忽视体育舞蹈的本质。

2.结构

在一个完整的舞蹈作品中，各个段落的组织和排列方式就是这个作品的结构，通过分析结构可以整体把握作品的整体形象。结构安排得好坏对作品的观赏价值有重要影响。

作品的各个段落和部分搭配合理、衔接连贯，有助于自然而流畅地表达作品的主题内容。作品结构安排的科学性主要从各段落有序排列、轻重鲜明对比、长短合理配合、表现形式和谐统一等方面体现出来，在这些方面的安排中要以作品的主题思想、表达需求等为依据，以提高结构安排的目的性与实效性。

有的艺术表演舞蹈作品充满诗情画意，如情绪舞采用的就是诗画式结构，有的作品以情节为主，表达情感，如情节舞采用的是情节式结构。

（二）组织编排

在艺术表演舞蹈的编排过程中，最难的环节莫过于组织编排环节，这也是核心环节，是最重要的创编阶段。在组织编排时，要学会取舍、开发、加工，善于拆分、整合、再创造，要保留体育舞蹈的本体语言，将其他舞种的因素适当融入其中，要将优质素材全面整合在作品中，创造优美的、引人注目的舞蹈意境，在特定的舞蹈环境下表达人物的个性和情感。

（三）注意事项

（1）创编人员既要谨慎选择题材，又要"稳中求新"，选择有新意的题材，题材要能将体育舞蹈的艺术特征充分体现出来。

（2）创作艺术表演舞，既要合理运用各种舞蹈技术和技巧，又要突出舞蹈的艺术性，将二者统一起来。要辩证地看待技术技巧与艺术性的关系，将二者看作有机统一体，并正确理解它们之间相辅相成的关系。表演舞中的"艺"是整个作品的灵魂，对作品的生命力、艺术魅力以及审美取向有决定性影响，"技"是表达作品的外在手段，保证作品的生命力、艺术魅力能够充分展现出来。

（3）体育舞蹈的动作与音乐密不可分，要使二者达到高度的统一与和谐，要尝试从音乐作品中产生创作灵感，在新奇刺激中推陈出新，将自己对音乐的理解、感悟融入动作中，使舞者在舞蹈表演中流露出真情实感。

四、混合集体配合项目——编队舞的编排

编队舞是融合了体育舞蹈不同舞种创编而成的由集体完成的集体配合项

目，融合摩登舞不同舞种而创编的编队舞是摩登舞编队舞，融合拉丁舞不同舞种创编而成的编队舞是拉丁编队舞。不管哪种编队舞，正式比赛时间最多4分30秒，如果含进、退场，时间最多6分钟。这类舞蹈由8对选手共同参加，每队都是男女搭伴，参加项目的男士和女士分别穿着统一的服装跳舞，整个比赛过程中托举动作是不可以出现的，而且舞者要不断变化队形。

下面具体分析摩登舞编队舞的编排方法。

（一）音乐编排

音乐是舞蹈的灵魂，舞蹈中传递的情感可通过将音乐和舞者动作融为一体来充分表达，音乐的旋律、节奏都会影响通过音乐而表达情感的效果，影响舞者的综合表现。创编人员选择编队舞的音乐素材时要做好下列工作。

（1）对要选择的音乐素材反复聆听，用心感受，体会音乐传达的感情，判断是否与舞蹈的主题一致。

（2）选择通俗易懂、节奏鲜明流畅、旋律优美且不太复杂的音乐，音乐各个部分的节奏不能太跳脱，要保持统一。

（3）音乐作品包括开始部分、主体部分和结束部分，首尾都要精彩，各部分要自然衔接，使音乐整体给人一种干净、纯粹的感觉。

（4）音乐时间不仅包括正式跳舞的时间，还包括入场和退场时间以及跳舞前的队形整理时间。

（5）动作与节奏、旋律高度吻合，它们的变化是同时的。

（6）从不同舞种常用的音乐作品中选取片段内容，然后根据需要，遵循基本的原理和规律而将若干片段合成完整的音乐作品，该作品包含摩登舞五种舞种的音乐类型，能够更加完整地诠释团体舞的内涵。

（7）为充分体现音乐的艺术效果，提高作品的艺术价值，要注意对音乐的合理搭配，包括快慢搭配、长短搭配、强弱搭配、轻重搭配、平稳与高潮搭配，等等。

（二）动作编排

团体舞的队形变化形式多样，在各种队形中要采取什么样的舞步组合，如何变换舞步等，这是动作编排中要重点考虑的问题。在步伐组合的编排中，为了便于变换队形，使集体的动作更整齐，所选动作应具备简单干脆、节奏清晰、线条舒展、有流动性等特点。

由于不同舞者采用不同的站位、移动路线，因此尽管是完成同一个动作，但步距、转度也有区别。必须衔接好相邻的动作环节，使整个舞蹈看起来自然、连贯、优美流畅，如行云流水一般，毫无刻意和勉强。

因为编队舞是团体舞，包含不同舞种，所以要衔接好不同舞种的动作，全体舞者的动作必须是整齐利落的，包括手臂摆动、脚步移动、躯干动作等都要高度一致，在高难动作的表现中，允许舞者加入自己的创意，但要以安排、美观为主。

（三）队形编排

由8对舞者共同参与的团体舞中有很多不同的队形，队形的安排、变换直接影响动作的连贯性、舞蹈的审美性。队形设计也是编排过程中的重要一环，要尽可能保证队形整齐、合理、优美。

队形变换在成套动作中必不可少，通过队形的变动要创造出优美的、观赏价值高的图案，达到良好的审美效果。每一种队形的保持时间都不能太长。在队形编排过程中，可以先设计队形图案，结合音乐来把握队形变换的合理性、自然性，要根据不同舞种动作的变化而采用不同的队形。常见队形如图6-19所示。

（四）注意事项

团体舞比赛时间是从音乐的开始到音乐结束为止。动作时间不足4分钟或超过4分30秒都视为时间错误，将被减分。

动作开始前等待时间过长或动作结束后音乐还没有结束，将从动作设计中扣分。

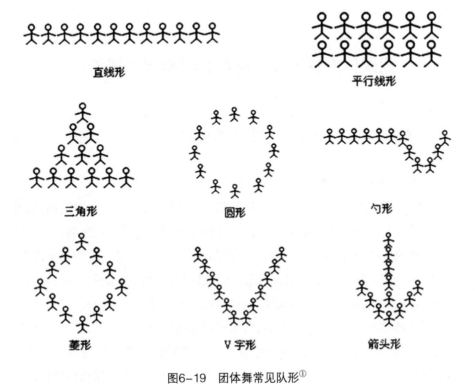

图6-19　团体舞常见队形①

① 刘少博.标准舞[M].北京：北京体育大学出版社，2016：84.

第五节 体育舞蹈文化产业与赛事产业的发展研究

一、我国体育舞蹈文化总体发展概况与策略

（一）我国体育舞蹈文化发展的现状

1.体育舞蹈起步晚，师资力量薄弱

体育舞蹈文化传入我国的时间比较晚，从发展时间来看，我国体育舞蹈文化的发展史与国外有明显的差距。尽管体育舞蹈文化传入我国后，经过政府、体育舞蹈工作者以及广大爱好者的共同努力，取得了一定的发展成果，如参与者众多，舞蹈水平显著提升等，但我国的体育舞蹈水平与国外尤其是体育舞蹈的起源国、起步早的欧洲国家相比，差距依然十分明显。

我国体育舞蹈师资力量薄弱是当前制约我国体育文化传播发展的主要原因之一，师资不足与我国体育舞蹈起步晚有直接的关系。因为师资力量薄弱，导致我国体育舞蹈运动水平不高，参与人数也远不及其他起步较早的体育项目的参与人数。

作为体育舞蹈活动的直接组织实施者和管理者，体育舞蹈教师或教练员承担着指导学员学练体育舞蹈、培养体育舞蹈运动员的重要职责，对提高体育舞蹈学员或运动员的舞蹈水平、实现学习与训练目标起着主导作用。体育舞蹈是体育与艺术相结合的体育运动，对专职教师或专业教练员的职业要求比较高，不仅要对体育舞蹈专业理论知识有深刻理解，还要求实践能力强，舞蹈经验丰富，与此同时对体育舞蹈教师与教练员的审美素养、艺术鉴赏力等也提出了很高的要求。体育舞蹈文化的发展需要与时俱进，不断创新，因而体育舞蹈教师、教练员还要具备高度的创新意识与现实的创新能力。但现阶段我国体育舞蹈师资队伍中达到这些要求的并不多。

目前，我国体育舞蹈教练员队伍中，有些教练员是从其他运动项目转过来的，这些教练员的体育舞蹈实践经验少，带队时间短，尚不能深入认识体

育舞蹈文化理论，体育舞蹈技能也没有达到很高水平，体育教练员自身专业素质的低下严重影响体育舞蹈运动队的发展。

此外，当前我国对体育舞蹈师资进行培养的专门院校尚未建立，开设体育舞蹈班的也只有北京舞蹈学院等少数院校，每年招收的学员非常有限，这是目前我国严重缺乏专业体育舞蹈教师和高水平体育舞蹈教练的一个非常重要的原因。

2.体育舞蹈文化发展的经费不足

体育运动项目种类繁荣，内容多样，不可能一一开设和全面兼顾它们的发展。从我国体育事业的发展情况来看，我国往往依据奥运会和全运会中设置的比赛项目来设立运动项目，并根据运动项目的"含金量"来给予不同程度的重视。由于体育舞蹈不是全运会和奥运会的正式比赛项目，因此政府对这项运动的重视程度自然不及那些奥运重点项目，导致体育舞蹈的发展缺少政策的扶持和基础资金保障，使体育舞蹈基础设施建设落后，训练基地缺失，行政指令性的全国体育舞蹈赛事较少，专项运动水平不高。

体育舞蹈起源于欧洲宫廷，后来一直被人们视为"贵族"运动。开展体育舞蹈活动需要设备完备的运动场馆、华丽的服装，因此所需费用很高。这便给组织单位带来了很大的经济负担。因为投入资金的不足，我国体育舞蹈专用场馆寥寥无几，基础设施水平无法满足基本需求，造成了体育舞蹈文化发展落后和传播受阻的局面。

3.体育舞蹈文化组织机构有待健全

完善的体育舞蹈组织机构在体育舞蹈文化发展中发挥着举足轻重的作用。体育舞蹈的科学与规范发展离不开相关组织机构的调控、监督与管理。目前我国体育舞蹈组织机构有待健全，规章制度还处于缺失状态，现有规章制度覆盖面窄，对优化配置各项体育舞蹈资源和有序组织各项体育舞蹈活动缺少指导，体育舞蹈的长远发展没有可靠的保障。

4.体育舞蹈不能适应市场经济

我国目前是参照已有的体育管理体制对体育舞蹈进行管理,现有体育管理体制是从计划经济体制下形成的原有管理体制中发展而来,虽然经过改革已逐渐适应市场经济,但有些带有计划经济属性的因素没有完全剔除,因此现有体育管理体制依然具有高度集中性。

体育舞蹈正逐渐走向市场,计划管理模式的存在使体育舞蹈无法真正适应和融入市场,对体育舞蹈的市场化进程造成了严重的制约。

5.体育舞蹈文化缺少宣传

体育舞蹈的价值内涵与现代人的审美观念是相符的,能够使人民群众更高层次的审美需求得到满足。但因为当前体育舞蹈文化在我国缺少广泛的宣传,很多人对这项运动缺乏基本的了解,导致参与这项运动的人口数量与球类运动、健美操运动等项目的参与者数量相比相差甚远。

体育舞蹈的市场价值是巨大的,但社会企业对体育舞蹈的市场价值还未形成高度的开发意识,甚至因为缺乏长远的战略眼光而不信任体育舞蹈市场开发能够带来可观的经济效益,导致体育舞蹈的市场开发落后,社会影响力薄弱。

我国体育舞蹈赛事的传播力度也很薄弱,即使是全国最高水平的体育舞蹈大赛也没有太多的新闻媒体报道,有一种被社会遗忘的感觉。如果长此以往,体育舞蹈从业者和参与者的热情将受到打击,从而影响体育舞蹈工作的开展和体育舞蹈水平的提高。

6.体育舞蹈文化科研发展滞后

体育舞蹈是集体育、音乐、舞蹈等元素于一体的综合艺术和新型体育运动项目,其与多种学科知识密切关联,如运动医学、解剖学、生理学、心理学以及美学等。体育舞蹈各舞种的发展历史、风格特点与起源地的文化环境息息相关,只有对其进行深刻研究,才能真正理解其中的内涵与精髓,才能将每个舞种的风格准确表现出来,将体育舞蹈的魅力充分展示出来,吸引更多的大众参与进来。

体育舞蹈文化的理论研究水平对这项运动的科学发展具有重要意义。然而，现阶段我国体育舞蹈的理论研究严重落后于实践发展，尽管体育舞蹈在我国已有几十年的发展历史，但关于这项运动的科研成果并不多，而且现有研究多集中在体育舞蹈服饰、音乐、动作创编、艺术表现力等方面，并以定性分析作为主要研究手段，研究范围窄，研究方法单一，而且很多理论研究成果在实践中的指导意义不强。

总之，我国体育舞蹈运动的科学研究还处于初步阶段，科研水平较低，基本的理论研究体系尚未形成，导致我国体育舞蹈活动的开展水平因缺乏科学理论的有效指导而严重落后于西方，也制约了我国体育舞蹈训练水平和比赛水平的提高。

（二）我国体育舞蹈文化的发展对策

针对上述我国体育舞蹈文化发展的影响因素，要采取针对性的措施，以消除不良因素，从实际出发探讨解决问题的对策。下面具体分析现阶段我国体育舞蹈文化摆脱困境、实现发展的对策。

1.加大师资培养力度

体育舞蹈教师和教练员是体育舞蹈发展的重要人力资源，因此培养优秀的体育舞蹈师资队伍非常重要且必要。对体育舞蹈师资力量的培养要重点从下列几个方面展开。

第一，坚持老带新原则，培养青年骨干，使之在体育舞蹈教育中发挥主导作用。

第二，举办相关讲座与培训活动，聘请高水平体育舞蹈教师或教练员作为演讲者或培训者。根据培养对象的实际水平安排培训内容，重点加强弱势技能的培训。

第三，加强对体育舞蹈师资队伍综合能力的培养，包括体育舞蹈专业知识素养、动作技能、创编能力、审美能力、创新能力以及科研能力等多方面的素质和能力。

第四，把握好体育舞蹈教师、教练上岗前的考核环节，从理论、技术方面展开全面考核。必须严格按照考核标准打分，整个考核过程要做到公平、公正、公开。

第五，鼓励体育舞蹈教师参加继续教育、出国深造，并加强与国内外体育舞蹈教师的交流和重要信息的传播与共享。

2.加大资金投入，完善训练设施

体育舞蹈基础设施薄弱是制约我国体育舞蹈发展的重要因素之一，因此当务之急是增加对体育舞蹈基础设施建设的资金投入力度，划拨一定的资金用于兴建体育舞蹈专业场馆、购置设备和服装、寻找传播媒介等。

不管是体育舞蹈学校，还是体育舞蹈培训基地、训练场所，运动场地都要满足基本的要求，对此，体育舞蹈运动协会和国标舞学会要积极开展检查与评审工作，为不同层次的体育舞蹈活动投入一定的资金，为完善基础设施建设提供保障。此外，各单位要加强对现有体育舞蹈场馆设施的维护与管理，提高现有资源的利用率。

针对资金投入少的问题，还可以拓展筹资渠道，争取社会有关企事业单位的投资与赞助，与有关企业建立一定的合作关系，从而获得资金上的支持与物质上的保障。

3.健全我国体育舞蹈组织管理机构

体育舞蹈文化的发展离不开相关组织机构的管理，因此要不断建立健全体育舞蹈组织管理机构，不断完善相关组织机构的管理职能，构建符合我国体育舞蹈文化发展现状的组织管理机制，使体育舞蹈文化的传播与发展越来越规范、高效。

组织管理机构不健全、组织人员配置不合理是我国体育舞蹈组织管理机构现存的主要问题，对此要大力加强改革，完善组织管理机构内部设置，制订战略性的长远发展规划，采用有效的监管方法来整合相关管理资源，充分发挥体育舞蹈组织管理机构的职能，提高组织机构的办事效率，落实组织管理目标。

此外，还要结合实际对有关体育舞蹈发展的规章制度和管理条例予以制定和完善，在规章条例中将体育舞蹈的战略性发展规划和目标确定下来，然后依据战略规划与目标对实施方案进行设计，在实施方案的落实过程中要严格贯彻责任制度，明确组织机构内部人员的职责范围，并加强监管，提高方案运作效率，提早实现发展目标。

4.适应市场经济，挖掘体育舞蹈的经济价值

当前，体育舞蹈文化的传统发展模式已与时代需要明显不符，甚至阻碍了体育舞蹈文化的发展。在市场经济环境下，体育舞蹈文化要转变发展模式，将体育舞蹈活动与市场结合起来，从而获得强大的物质支持，促进体育舞蹈文化可持续发展能力的强化，也有助于使体育舞蹈文化更好地为社会经济发展和社会主义精神文明建设而服务。

体育舞蹈文化具有很强的观赏性，尤其是高水平的体育舞蹈赛事，因而拥有十分广阔的市场前景。对此，可以从体育舞蹈赛事的市场营销入手，对体育舞蹈的经济价值进行深入挖掘，开发体育舞蹈文化的无形资产，在为观众呈现精彩的体育舞蹈表演的同时也能获得可观的经济收益，使体育舞蹈文化在市场经济环境下获得更好的发展。

5.加强与媒体的合作，加大宣传力度

大力宣传体育舞蹈文化有助于促进体育舞蹈文化发展动力的提升，使其在相似的文化中脱颖而出，在全国各地逐渐流行起来，并形成比较稳定的宣传目标群体。

要提高体育舞蹈文化的宣传效率和质量，需要对传统传播媒体和先进传播媒体加以整合，充分发挥新旧媒体各自的传播优势，促进宣传效率的提升，营造浓郁的社会体育舞蹈文化氛围。

第一，在我国体育舞蹈文化的宣传中继续将杂志、报刊、书籍、广播等传统媒介利用起来，但要不断优化宣传内容，除了采取新闻性描述的方式介绍体育舞蹈以及播报体育舞蹈竞赛成绩外，还要多宣传体育舞蹈文化的内涵，善于把握能够将体育舞蹈文化的价值与魅力充分展示出来的重点信息，以吸引大众的关注，使体育舞蹈文化得到更广泛的普及与认可。

第二，随着科技的不断发展和社会文明的进步，先进的传播媒介不断涌现，其中运用最为广泛的多媒体、互联网等媒介手段在宣传体育舞蹈文化方面具有显著的优势，能够促进体育舞蹈文化辐射范围的不断扩大和受众范围

的明显增加。

6.推进体育舞蹈协会实体化和职业化发展

随着我国体育事业的不断发展，体育事业的发展目标越来越细化、明确，国家也出台了一系列政策措施来推动体育事业改革与发展，这些都为作为体育项目的体育舞蹈的发展提供了良好的机遇和环境。我国体育部门明确提出，体育事业的发展要立足国情，逐步适应国际体育的商业化、职业化及社会化趋势。这为我国体育舞蹈的发展指明了方向，体育舞蹈协会应从我国体育舞蹈发展现状出发，主动抓住良好的机遇、积极创造良好的条件来加快自身的实体化和职业化发展。体育舞蹈协会的转型对进一步充分发挥该组织机构的管理职能具有重要意义。

此外，在体育舞蹈协会的实体化、职业化进程中，要立足各地实际，循序渐进地开展转型工作，同时也要不断拓展经费筹集渠道，建立多元化筹资机制，利用体育舞蹈文化本身强大的社会吸引力来实现体育舞蹈协会的创收。体育舞蹈协会增加创收，便能够为开展各类体育舞蹈活动提供专项经费支持，达到以舞养舞的目的。

二、我国体育舞蹈文化产业的发展路径探索

（一）提高政府部门的重视程度

从我国体育文化产业发展的大环境来看，要发展体育舞蹈文化产业，就要从根本上提高政府部门的重视程度。地方体育部门应采取专项调查的方式来了解本地体育舞蹈文化产业的现状，从现状出发出台专项扶持性政策，并对相应的管理制度、实施细则予以制定和落实。此外，各地体育舞蹈协会也要充分发挥自身作用，与地方政府协同起来，从体育舞蹈文化产业发展的实际情况出发，共同制订长远发展规划和发展战略，为体育舞蹈文化产业的有序发展提供保障。

各地体育局中的社会体育管理中心在各地体育文化产业发展中发挥着举足轻重的作用，因此要进一步加强这一组织机构对体育舞蹈文化产业的重视性，发挥各地社会体育管理中心的作用，对本地体育舞蹈文化产业发展的机遇与挑战、优势与不足等进行全方位分析，最终确立重点发展的体育舞蹈产业类型。一般来说，重点发展的产业以支柱性产业为主，应该具有强大的发展潜力和广泛的社会影响力，便于形成支柱性优势。通过挖掘体育舞蹈文化支柱产业的核心价值，形成良好的品牌效应，能够有效推动体育舞蹈文化产业的进一步发展。

（二）树立科学的发展理念

近年来，我国体育产业迅猛发展，创造了可观的经济效益，为促进国民经济发展做出了很大的贡献。体育舞蹈产业作为体育产业的一部分，也应该响应国家号召，加快市场化发展进程，为国民经济增长作贡献。在新的历史时期，我们要站在发展国民经济的高度来认识体育舞蹈产业的经济价值，充分重视其作为国民经济增长点的重要作用，站在国家的高度加快发展体育舞蹈文化产业，将体育舞蹈培训业和体育舞蹈竞赛业作为重点产业而优先发展。

在体育舞蹈培训业的发展中，对体育舞蹈培训市场展开全面整顿，并大力开发体育舞蹈培训中必备的相关产品，如体育舞蹈器材、服装等，加强对体育舞蹈培训市场的管理，使之发展更加健康、有序。

在体育舞蹈竞赛业的发展中，正确认识其作为体育舞蹈支柱产业的重要地位，根据不同群体的消费水平来确定体育舞蹈赛事的票价，以亲民的价格吸引观众走进赛场。而且，为了扩大体育赛事产品的销路，需争取更多广告赞助商的投资。体育舞蹈协会应面向全社会举办开放性的体育赛事，提升人民群众的参与度。此外，通过优先大力发展体育舞蹈培训业和体育舞蹈赛事产业，充分带动体育舞蹈用品业、体育舞蹈表演业等有关产业的发展。

（三）规范体育舞蹈市场化运作模式

体育舞蹈文化产业的发展要与市场经济的基本规律相符，将体育舞蹈相关产品推向市场进行商品化经营，从而获取一定的经济效益。同时，我国还应立足于国情，构建体育舞蹈产业的市场化运作模式。为进一步规范体育舞蹈市场化运作，必须妥善处理政府与市场的关系，具体要做到以下几项基本要求。

第一，体育行政部门要明确自身的主要职责，将工作重点放在对多元化体育服务体系的建立上，做到"管办分开"，主要由社会和市场去完成体育舞蹈事业的发展任务。

第二，体育行政部门从政策上支持体育舞蹈的市场运作，对相应的行业规范进行制定与完善，从宏观层面监管体育舞蹈行业的运作过程。

第三，由市场主体独立负责体育舞蹈各种产品的市场运作。

（四）开发丰富的体育舞蹈产品

随着我国体育事业的不断发展，体育运动的市场价值、经济效益越来越受重视。在市场经济环境下进行体育事业市场化改革，必须对体育项目的经济价值进行挖掘，使其附加值不断扩大，促进体育相关产业链的形成，提高体育产业的持续发展能力和体育事业的产业化发展水平。体育舞蹈文化的市场化改革与发展同样要走这样的道路。

体育舞蹈市场开发的前提是遵循市场经济规律，实事求是，从我国体育市场的实际情况出发对体育舞蹈产品进行开发与设计，促进体育舞蹈产业链的延长，尽可能促进体育舞蹈文化产业市场效益的增加。

扩大体育舞蹈产品市场，必须采取有效手段刺激消费者消费，对消费者的体育消费方向做出很好的引领，促进其消费动机的形成和消费水平的提升，同时也要防止盲目消费。引导消费者在体育舞蹈产品市场上的消费方向对于扩大体育舞蹈市场具有重要意义。我国经济的快速发展促进了国民收入的增加和生活质量的提升，也随之提高了国民的消费结构，增强了消费能力。消费者对自我发展型产品和自我享受型产品消费的关注度逐渐提升，能够满足消费者健身娱乐需求的体育舞蹈产品也成为居民的一个消费关注点，可见，体育舞蹈产品的市场潜力很大，有待继续深入挖掘。而且随着体育舞蹈产品的不断增加，市场消费者的规模也将不断扩大，而且消费群体也不断趋于稳定。

针对现阶段我国体育舞蹈市场上存在的产品单一的问题，有关企业应从不同消费群体的消费爱好和需要出发，设计与推广更多的大众化体育舞蹈产品，从而吸引更多的消费者。

（五）加强专业人才培养

新时期我国发展体育舞蹈文化产业，应该从培养专业人才入手。在体育舞蹈产业专业人才的培养中，要将高校教育资源充分利用起来，在高校开设相关课程，开展高端教育，对懂体育舞蹈文化、善经营、能管理的复合型体育人才进行培养。

高校要不断优化体育舞蹈专业课程体系，增设与产业发展相关的课程，如市场管理、营销管理等，促进体育舞蹈专业大学生专业素养的提升。总之，通过培养一批优秀的专业人才，能够为进一步发展体育舞蹈文化产业提供良好的社会支持和人力保障。

三、我国体育舞蹈赛事文化建设与产业发展

（一）我国体育舞蹈赛事文化的建设原则

1.以人为本

国家和社会的科学发展、健康发展、持续发展都必须秉持"以人为本"的核心原则。在社会生产要素和战略性资源中，人永远都是第一位的，其他要素和资源最终都需要通过人的作用和创造性劳动才能向经济效益转化。中国特色社会主义建设必须树立以人为本理念，贯彻以人为本原则。

我国的体育文化建设，包括体育舞蹈赛事文化建设，同样要贯彻以人为本的核心原则，在体育舞蹈赛事文化体系内部与外部建设中都要严格落实以人为本的理念，具体要求如下。

从体育舞蹈赛事文化体系内部来说，应从体育舞蹈赛事工作人员出发进行赛事组织与管理，各方面工作的开展要能够将工作人员的积极主动性充分调动起来，使工作人员在整个赛事的组织管理中获得成长，实现专业能力的提升，实现个人价值。

从体育舞蹈赛事文化体系外部来说，坚持"以群众为本"的理念来构建赛事体系。群众是开展体育舞蹈竞赛的根本动力源泉，如果没有参与者，没有观众，就没有举办舞蹈赛事和构建体育舞蹈竞赛体系的必要了。必须围绕体育舞蹈参与者和观众的合理需求来构建体育舞蹈比赛文化体系，鼓励和调动人民群众积极参与体育舞蹈赛事。

2.创新求异

社会各个行业的发展都离不开创新，创新以突破为本质，以新颖为核心，具体表现为三层含义，即创造、改变现状、更新，创新是为了体现特色，相似事物之间相互区别的根本就在于各自的特色，它是事物独有特质和价值属性的代表。任何事物只有独具特色，品质才能提升。在体育舞蹈赛事文化体系构建中要高度重视创新，紧跟时代步伐，不断创新与突破，打造独有特色，使体育舞蹈获得长远发展。

体育舞蹈赛事文化体系只有不断创新，体现时代特色，满足群众需求，才能获得政府的扶持，获得社会的支持与配合，获得大众的认可和欣赏。体育舞蹈赛事创新能够使赛事品质进一步提升，使民族品牌赛事的影响力更广泛、深远，并扬名海外。

在贯彻创新求异原则的基础上构建体育舞蹈竞赛文化体系，能够使我国体育舞蹈赛事文化区别于西方体育舞蹈赛事文化，将更多的民族元素融入我国独特的体育舞蹈赛事文化体系中，形成具有中华民族传统特色的体育舞蹈赛事体系。

（二）我国体育舞蹈赛事文化建设的措施

1.大力普及体育舞蹈赛事

我国现阶段举办的体育舞蹈赛事以体育舞蹈专业学生为主要参与主体，虽然有利于我国选拔优秀的体育舞蹈选手，重点培养有天赋的苗子，但不利于体育舞蹈在社会面上的广泛普及和推广。有些体育舞蹈赛事虽然也面向社会业余群体，但一些组织单位利用业余群体人数多、专业水平不高的特点进行不合理的商业化运作，存在乱收报名费、赛事流程不正规等乱象，严重影响了体育舞蹈赛事的推广和发展。

为改善我国体育舞蹈赛事发展的现状，我们要加强对体育舞蹈赛事文化体系的改革与完善，在全面推广体育舞蹈赛事的过程中纠正不正之风，打击过度商业化的乱象，净化体育舞蹈赛事市场。为进一步普及体育舞蹈赛事，还需要做好下列工作。

第一，开设体育舞蹈课程，成立体育舞蹈社团组织，开发体育舞蹈团体项目，满足更多人的需求。

第二，加强校园体育舞蹈文化建设，从校园开始向社区传播、辐射，建立梯形体育舞蹈赛事体系，既要开发丰富的大众业余体育舞蹈赛事，又要不断提高体育舞蹈水平，打造专业的高水平体育舞蹈赛事。

2.打造中国特色的体育舞蹈赛事文化

体育舞蹈起源于欧洲，体育舞蹈的西方文化传承和西方人文情怀是根深蒂固的。这是西方体育舞蹈文化繁荣发展，并向世界各地传播的根基。可见，只有以强大的民族文化为背景，体育舞蹈文化才能源远流长。因此，打造具有中华民族特色的体育舞蹈赛事文化符号，是我国进行体育舞蹈赛事文化建设，推动体育舞蹈赛事文化创新的根本途径。

首先，要采用本土方式改造体育舞蹈赛事物质文化，将中华民族传统文化的精髓融入体育舞蹈赛事文化中，实现中西方文化的交融。民族元素既可以运用到体育舞蹈比赛场馆建设中，也能融入体育舞蹈选手的服装、礼仪等细节中，这样可以打造既有国际化，又有民族化的体育舞蹈赛事文化，给观众留下深刻的审美印象。

其次，加强体育舞蹈赛事精神文化的建设，大力宣扬男女平等、思想解放等精神文化内涵，并在体育舞蹈赛事文化体系建设中加强对参与者的道德教育、审美教育，促进广大参与者体育舞蹈文化素养、道德素养以及审美修养的提升。

最后，需进一步深入挖掘我国体育舞蹈中的民族元素和民族价值，将体育舞蹈表演引进一些红色主题的大型活动中，用体育舞蹈为党献礼。

3.构建体育舞蹈赛事的社会互动模式

围绕体育舞蹈赛事开展社会互动活动，为体育舞蹈项目、社会、群众三者之间的对话搭建良好的平台，而且对普及体育舞蹈，发展体育舞蹈文化产业、促进体育舞蹈赛事举办地发展具有重要作用。构建体育舞蹈赛事的社会互动模式要从推动体育舞蹈文化的大众化普及、提高体育舞蹈赛事的竞技水平两方面来考量，在模式构建中要特别重视体育舞蹈社会组织的建设和体育舞蹈赛事的开发。

（1）体育舞蹈组织建设

体育舞蹈赛事的社会化发展以体育舞蹈社会组织为基础，在体育舞蹈组织建设中，要从横向与纵向上扩大覆盖面，使体育舞蹈组织跨越不同区域、等级和层次，并鼓励各类社会体育舞蹈组织的创新，加强社会体育舞蹈组织活动管理，建立体育舞蹈组织社会活动效果的评价机制，在业余体育舞蹈赛事评价中打破以赛事结果为唯一评价标准的模式，吸纳其他评价指标，以扩大体育舞蹈赛事的社会影响力。

（2）体育舞蹈赛事开发

我国体育舞蹈赛事起步晚，赛事市场开发力度较弱，体育舞蹈赛事的举办往往只强调赛事本身，忽视了与社会的互动以及市场效益和社会效益。对此，要围绕体育舞蹈赛事目标、消费主体的需求大力开发体育舞蹈赛事市场，在体育舞蹈赛事活动策划中要加强主题宣传、公益普及，寻求广告赞助，开发特色化体育舞蹈比赛项目，扩大赛事产品的市场营销渠道，开发专利产品，完善赛事运作模式，将社会资源全面整合起来促进体育舞蹈赛事的社会化普及与发展。

4.培养体育舞蹈赛事专业人才

我国体育舞蹈赛事文化传播与发展中，专业人才的缺乏是一个很大的困境和阻碍。当前，我国体育舞蹈人才数量少，结构单一，以技能型人才为主，如教练员、运动员、裁判员等，其他方面的专业人才，如赛事策划人才、市场营销人才、科研人才、管理人才等都严重缺乏，迫切需要培养这些方面的人才，完善我国体育舞蹈人才体系，壮大体育舞蹈人才队伍，发挥体育舞蹈人才的作用来推动体育舞蹈赛事文化的发展。

（1）培养"创编型"人才

在体育舞蹈创编型人才的培养中，要注重培养传统文化素养，使培养对象对我国传统文化尤其是舞蹈文化非常精通，能够将传统文化的精髓融入体育舞蹈作品中，用体育舞蹈赛事来表达中国传统文化，使选手在比赛时突破文化瓶颈，激发群众的情感共鸣。

（2）培养"管理型"人才

对专业的体育赛事管理人才进行培养，将这方面的人才引进体育舞蹈赛事的组织管理中，管理型人才既要对体育舞蹈项目十分熟悉，又要对体育赛事运营流程非常熟练，培育一批复合型管理人才，这对我国体育舞蹈赛事文化真正意义上的建设具有重要作用。

（3）培养"科研型"人才

建设体育舞蹈赛事文化体系离不开理论科研成果的基础支撑，培育科研型人才，加强对体育舞蹈赛事的科学研究，完善体育舞蹈赛事理论体系，加强理论与实践的结合，发挥理论的指导意义，使体育舞蹈赛事文化体系建设的科学性得到保障。

（三）我国体育舞蹈赛事文化产业发展策略

体育舞蹈赛事具有丰富的文化内涵和很强的观赏价值，挖掘体育舞蹈文化的产业资源优势，将体育舞蹈赛事和体育旅游业、体育培训业等有关产业融合起来实现协调互动发展，进一步丰富体育舞蹈赛事文化体系内容，拓展体育舞蹈赛事文化的发展渠道，推动体育舞蹈赛事文化与时代的结合，实现可持续发展。

1.规范体育舞蹈赛事的市场运作模式

体育舞蹈竞赛市场开发是否顺利，市场化运作是否通畅，关键在于是否有相关政策方针提供指引，是否形成了规范的市场运作模式。当前，结合我国市场经济特点，应将政府宏观调控和市场调控结合起来建立与规范体育舞蹈赛事的市场运作模式。

一方面，由国家体育主管部门授权成立专门的体育舞蹈赛事组织，在国家的宏观指导下开拓体育舞蹈赛事的市场化发展之路，保障体育舞蹈赛事产业发展的经济效益。

另一方面，在市场经济条件下，总结与借鉴我国传统优势项目比赛的市场化发展的成功经验，并吸收国外体育舞蹈赛事产业的成功运作经验，并加强理论与实践创新，打造体育舞蹈赛事市场化运作的新模式，将我国体育舞蹈竞赛产业推向更高的水平。

2.提升体育舞蹈赛事产业的市场运作能力

在促进我国体育舞蹈赛事产业市场运作能力提升的过程中，关键要从以下几方面努力。

第一，增加社会资本对体育赛事的投入，加大赛事宣传力度，利用社会资源为赛事产业发展打好经济基础。

第二，积极与文化传播公司进行赛事合作，吸引投资，开发赛事广告资源、无形资源等，将赛事资源转换为经济效益。

第三，在赛事营销方面，拓展营销渠道，增加门票收入、广告收入、赛事旅游收入。

第四，加强与住宿业、餐饮业、赛事用品业、赛事旅游业等产业的合作，打造以赛事为主，其他产业为辅的赛事集群，拉动市场消费，实现经济创收。

3.加强体育舞蹈赛事产业管理

体育舞蹈竞赛管理系统的建设与完善能够为成功举办体育舞蹈赛事带来极大的便利。在体育舞蹈赛事产业发展中，要不断提高竞赛管理的效率，防止发生赛事错场、漏场现象，并优化赛事组织流程，加强对赛事裁判及核心成员的管理，优化竞赛管理团队，吸收专业管理人才参与竞赛管理工作，为后续管理工作的开展奠定基础。[1]

---

[1] 陈骏.安徽省体育舞蹈赛事产业发展现状研究[D].安徽工程大学，2019.

第七章
街舞技能教学与产业化发展研究

街舞是近年来非常流行的一项时尚体育艺术类项目，这项流行运动崇尚自由，舞姿自由灵活，音乐节奏感强，舞者能够从协调的肢体动作中展现出自己的爆发力和感染力，并彰显个性和青春风采，从而营造出活泼律动的氛围，深深感染他人。目前，我国各大城市的街舞培训机构不断增加，吸引了越来越多的人群参与，未来发展前景十分广阔。本章主要对街舞技能教学与产业化发展进行研究，首先介绍街舞基础知识，然后对Hip-Hop健身街舞技能教学和流行街舞技能教学进行研究，最后对我国街舞文化产业与培训产业的科学发展进行研究。

第一节　街舞运动基础知识

一、街舞的定义

街舞是一种源于美国街头的民间舞蹈，是美国黑人"嘻哈文化"的组成部分。这种舞蹈一般都是在街头出现，对场地没有特殊要求，所以称为街舞。街舞也被称为Hip-Hop。其实街舞是Hip-Hop的狭义定义，广义上的Hip-Hop代表一种精神、文化和生活态度的嘻哈文化，其以音乐（DJ、说唱）、舞蹈等内容为主。嘻哈文化内容广泛，街舞只是其中一部分。

二、街舞的基本特征

（一）多样性

街舞起源于20世纪70年代的美国，吸收了非洲舞蹈、拉丁舞蹈、爵士舞蹈等多种元素的养分，形成了包括霹雳舞、锁舞、爵士舞、现代舞等多种风格。此外，街舞舞者通过丰富的肢体语言和表情，表现出喜悦、愤怒、悲伤等复杂情感，使街舞具有强烈的视觉冲击力和艺术感染力。

（二）自由度较高

街舞的自由度较高，舞者可以根据自己的喜好和创新发挥出独特的舞蹈风格。街舞没有固定的动作和套路，舞者可以在舞蹈中自由发挥，将个人情感和创意融入其中。这种自由度为街舞的发展提供了无限的可能，使每一场街舞表演都独具特色。

（三）强烈的节奏感

街舞舞者擅长把握音乐节奏，将舞蹈与音乐完美结合。街舞通常以嘻哈音乐为伴奏，舞者在跳跃、扭动、旋转等动作中，精准地踩住音乐的节点，展示出强烈的节奏感。这使街舞具有很高的观赏价值，成为舞台上独具魅力的表演艺术。

（四）竞技性

街舞具有较强的竞技性，舞者之间通过Battle等方式一较高下。街舞舞者需要不断挑战自己，提高舞蹈技巧和表现力。街舞比赛不仅考验舞者的实力，还需要具备坚定的信心和勇往直前的精神。在这种竞技氛围中，街舞舞者不断成长，推动了街舞文化的发展。

（五）融合性

街舞具有强烈的融合性，可以与其他艺术形式相结合。例如，街舞与涂鸦、说唱、街球等街头文化相互交融，形成了独特的街舞文化体系。此外，街舞还可以与舞台表演、影视作品等相结合，呈现出丰富多彩的艺术形态。

总之，街舞是一种具有多样性、自由度较高、节奏感强烈、竞技性和融合性的舞蹈形式。它以独特的艺术魅力和丰富的文化内涵，在全球范围内吸引了越来越多的舞者和观众，成为当代流行文化的重要组成部分。

三、街舞的主要功能

街舞如今已成为全球范围内深受欢迎的舞蹈类型，它不仅具有很高的艺术价值，同时还具备多种功能性，对参与者身心健康有着积极的影响。下面从六个方面探讨街舞的功能。

（一）健身塑形

街舞是一种有氧运动，通过跳舞可以消耗大量热量，达到减肥、塑形的效果。街舞动作丰富多样，涉及全身各部位，有助于提高身体协调性、灵活性和力量。长期坚持街舞锻炼，可以改善心肺功能，增强身体素质。

（二）增强自信

街舞具有很强的表现力，舞者可以通过自己的舞蹈表达情感、展示个性。在学习和表演过程中，舞者会逐渐积累经验，提升自己的表现水平。这有助于增强舞者的自信心，面对生活中的挑战更加从容。

（三）培养团队精神

街舞舞者往往以团队形式进行表演，因此街舞锻炼了舞者的团队协作能力。在团队中，舞者需要相互配合、支持，共同完成舞蹈作品。这种团队精神不仅在舞蹈中发挥作用，也会影响舞者的生活和工作。

（四）释放压力

街舞具有很强的节奏感，跳舞时可以让舞者尽情地释放自己的情绪。通过跳舞，可以将生活中的压力、烦恼宣泄出来，让心情变得更加愉悦。此外，街舞还能帮助舞者建立良好的心态，以积极的态度面对困境。

（五）传承文化

街舞起源于美国，融合了多种文化元素，如嘻哈、爵士等。学习街舞可以让我们了解这些文化的背景和发展，加深对世界多元文化的认识。同时，街舞在中国也逐渐形成了具有中国特色的街舞文化，成为文化交流的桥梁。

（六）社交互动

街舞具有广泛的群众基础，各地都有街舞爱好者和团体。通过参加街舞活动，舞者可以结识志同道合的朋友，拓展人际交往。街舞比赛和表演也为舞者提供了展示自己的舞台，增加了社交互动的机会。

总之，街舞不仅有助于促进舞者的身心健康，还能培养其良好的心态和团队精神。随着街舞在我国的普及，越来越多的人从中受益，体验到快乐和成就感。

第二节　Hip-Hop健身街舞技能教学

一、动感Hip-Hop健身街舞动作教学

Hip-Hop健身街舞是青少年的主要健身方式，也是很多健身俱乐部的主要课程内容。动感Hip-Hop健身街舞是Hip-Hop健身街舞的一种类型，它在Hip-Hop舞蹈中自由律动动作的基础上，吸纳了现代劲舞和爵士舞的动作，具有多样化的风格。而且这类健身街舞的运动量较大，能够满足人们的健身需要，使人们达到健身目的。下面介绍动感Hip-Hop健身街舞中一个8×8拍组合动作。这个组合动作从左脚开始，动作之间的衔接流畅连贯，能够将舞者的身体灵活性与协调性充分展现出来。

（一）第一个8拍

1拍，左脚向前一步，两腿弹性屈膝，两臂经屈臂向侧伸直（手半握拳）。

2拍，右脚并左脚，两臂侧下举。

3—4拍同1—2拍，左右脚相反。

5—6拍，左脚向侧一步，两腿屈膝，两脚提踵，脚跟左右转动一次。转成左腿伸直顶髋，右腿屈膝，同时两臂胸前屈，前臂向左绕环至左臂侧上举，右手扶左髋。

7—8拍，身体右转90°，右脚后退一步，左脚原地踏一步成左前弓步，

同时，左臂前举，右臂上举。

（二）第二个8拍

1—3拍，身体左转180°，右脚开始后退走三步，两臂经侧屈肘自然摆动。
4拍，左脚跳起，右腿经腿向前伸落成右前弓步，两臂屈肘自然摆动。
5—8拍，同1—4拍，左右方向相反。

（三）第三个8拍

1—2拍，右脚向前一步成前后开立，两腿屈膝弹性振动，同时两臂肩侧屈，上体含胸、挺胸两次。

3—4拍，右脚跳起，左腿后屈，向右转体360°，左脚侧落成两脚开立。两臂屈臂上举交叉（两手半握拳，拳心向前）。

5—6拍，两脚并立—开立—并立跳，两臂屈臂上举交叉。

7—8拍，右脚向侧一步，左脚并右脚，一拍一动，同时身体向右侧做侧波浪，左臂胸前屈，右臂屈肘侧摆。

（四）第四个8拍

1拍，两脚弹动，左脚向侧一步，两臂经胸前平屈向侧伸直（两手半握拳）。

2拍，两脚弹动右脚并左脚，身体左转90°，同时两臂经胸前平屈，向下伸直。

3拍，右腿屈膝抬起向前伸。

4拍，左脚跳起，右腿后落成两脚前后开立，同时两臂经胸前平屈向前伸直前平举。

5拍，上体向前波浪，两臂侧屈至头侧。

6拍，右脚并左脚，两臂经体侧至下举。

7拍，左腿屈膝抬起向前伸。

8拍，左腿后落，身体左转90°，两脚开立（背向）。

（五）第五个8拍

1拍，两臂经肩侧屈向上伸至上举。

2拍，两臂向下伸至下举。

3拍，身体重心（简称"重心"）左移成左侧弓步，同时左肩上提。

4拍，同3拍，左右方向相反。

5拍，左脚向后一步，跳起成前后开立。

6拍，身体左转180°，右脚并左脚。

7拍，两腿屈膝外张，同时肩部向前绕环。

8拍，还原成直立。

（六）第六个8拍

1拍，两脚弹动，左脚前点地，同时两臂经屈臂向前伸（两手半握拳）。

2拍，左脚收回跳起，右腿屈膝抬起，同时两手触肩，低头。

3—4拍，右—左—右脚小跳三次成直立。

5拍，两脚弹动，左脚向侧一步，两臂经屈臂向侧伸。

6拍，右脚并左脚，右臂上举，左臂下摆。

7拍，左脚向侧一步，左顶髋，右腿屈膝，同时两臂胸前屈，左臂在下，右臂在上（两手半握拳，拳心相对）。

8拍，左、右顶髋一次，两臂屈臂上下振动。

（七）第七个8拍

1拍，两腿弹动，右脚左前点地，上体稍后仰，右臂胸前平屈。

2拍，两腿弹动，右脚后点地，上体稍前倾，右臂伸直前举（两手半握拳）。

3拍，右腿屈膝抬起。

4拍，左脚跳起，右脚落下成开立。

5拍，左脚向前一步跳起，右腿后屈，头左转。

6拍，右脚落下成开立，头还原。

7拍，两臂上屈90°（拳心相对）。

8拍，上体右前屈，两臂体侧下屈。

（八）第八个8拍

1拍，两脚跳起成交叉（左脚在前），同时，两臂经胸前平屈向侧伸至侧举。

2拍，身体右转270°成开立。

3拍，两腿屈膝半蹲，上体前屈，右手前触地。

4拍，两腿伸直，上体立起稍右转，左臂上举，右臂下摆。

5拍，两腿并腿屈膝全蹲，上体前屈，右手前触地。

6拍，两脚跳起成开立，身体右转90°，左臂上举。

7拍，右脚并左脚，身体左转90°，左臂向侧落下，右臂经上举向前落下。

8拍，身体右转90°右脚向侧一步成开立，上体稍右转，左臂经胸前平屈向右侧伸直成右侧举（手型一指）。

二、美式Hip-Hop健身街舞动作教学

在Hip-Hop健身街舞中，美式Hip-Hop健身街舞作为其中一个重要组成部分，具有动作夸张随意、节奏多变、表演性强的特点。这类健身街舞对舞者的身体节奏感、爆发力和各部位配合能力提出了较高的要求，但也给舞者留下了较大的自由发挥空间。在学习美式Hip-Hop健身街舞时，要注意身体状态是松弛的，但也不是完全放松，注意对动作节奏的控制，并充分表现动作力度，展示身体能量。

下面介绍美式Hip-Hop健身街舞的一个12×8拍组合动作。这套动作比较多变，站姿动作和地面动作不停变换，难度较大。学习时要从左脚开始，注意动作的连贯衔接，整体上流畅自然。

预备姿势：两脚并立，两臂自然下垂。

（一）第一个8拍

1拍，右脚侧出一步，重心右移，右肩上提，左肩下沉，两臂自然屈肘于体侧。

2拍，同1拍，左右相反。

3—4拍，同1—2拍，肩部做右—左—右提肩动作。

5—8拍，同1—4拍，左右相反。第8拍时，身体左转90°。

（二）第二个8拍

1拍，右腿屈膝，抬起前蹬，两臂屈肘自然摆动。

2拍，右腿向后伸，落成左前弓步，两臂屈肘自然摆动。

3拍，身体右转90°，成分腿屈膝，左腿内扣，上体稍左转，左臂胸前屈。

4拍，左腿并右腿，还原成并立。

5拍前半拍，全蹲，左手左侧撑地。5拍后半拍，两脚跟提踵外转，右臂屈肘上举。

6拍，还原成5拍前半拍动作。

7拍，身体立起，左转90°，左脚向侧一步。

8拍，右脚向侧一步成开立。

（三）第三个8拍

1拍，右脚跳起，左脚向前一步，同时，身体右转180°，左臂胸前屈肘。

2拍，右脚跳起，身体左转90°，还原。

3拍，同1拍。

4拍，右脚跳起，身体左转90°，左脚侧出成开立。

5拍，两腿屈膝，左膝内扣。

6拍，同5拍，左右相反。

7—8拍，身体右转90°，左腿跪立，右腿屈膝，膝盖与小腿做前面脚着地。

（四）第四个8拍

1拍，上体前屈，两手撑地，右腿经侧伸并左腿，两腿跪立。

2拍，上体立起，右腿跪立，左腿屈膝，脚着地。

3—4拍，以右膝、脚尖为轴，身体右转180°，转成左腿跪立，右腿屈膝，膝盖与小腿做前面脚着地。

5—8拍，同1—4拍。

（五）第五个8拍

1拍，左手左侧撑地，两腿屈膝全蹲。

2拍，两脚蹬地成右侧分腿。3拍还原成1拍动作。

4拍，站起成直立。

5拍，两脚跳起成开立，两臂上屈90°，手腕抖动两次。

6拍，两脚跳起，还原成并立。

7拍，两腿弹动，右脚后退一步，上体稍右转。

8拍，同7拍，左右相反。

（六）第六个8拍

1拍，两腿弹动，右脚向前一步，同时，上体稍右转，两臂腹前屈肘，前臂经内向外摆动。

2拍，两腿弹动，左脚向前一步，脚跟点地，上体稍左转，两臂腹前屈肘，前臂经内向外摆动。

3拍，身体左转180°。

4拍，左脚并右脚，还原成并立。

5拍前半拍，两脚蹬起成分腿，左脚脚跟着地，右脚脚尖着地，同时，上体稍左转，左臂胸前屈，右臂侧上举。5拍后半拍，还原成并立。

6拍，右脚弹动向侧一步。

7拍，左脚踏一步，身体左转180°。

8拍，右脚并左脚。

（七）第七个8拍

1拍，左脚弹动向侧一步，同时，左肩上提。

2拍，同1拍动作，左右相反。

3拍前半拍，身体左转45°，右脚左前出，左臂腹前屈。3拍后半拍，左脚原地踏一步。

4拍，右脚收回跳起，身体左转45°，左腿屈膝抬起，两臂自然摆动（背向）。

5拍，右脚跳两次，身体左转180°。

6拍，左脚落下成分腿半蹲，上体稍左转，右臂腹前屈。

7拍前半拍，左脚跳起，身体左转90°，右腿侧下举，右臂胸前屈。7拍后半拍，左脚跳起，右脚在左脚前交叉，两腿屈膝。

8拍，左脚跳起，右脚向侧一步，分腿半蹲，上体稍右转。

（八）第八个8拍

1—4拍，左脚开始向左弹性走转270°，开立，两臂屈肘体侧自然摆动。

5拍，两腿屈膝内扣—外摆一次成半蹲，同时，两臂屈肘，前臂内、外摆一次。

6拍，两膝内扣，两前臂内摆。

7拍，左顶髋，右屈膝，同时，上体稍右转，两臂经胸前屈伸至前举交叉（两手半握拳）。

8拍，右脚并左脚，同时，身体做一个小波浪，两臂经胸前平屈，还原成并立。

（九）第九个8拍

1拍，右脚弹动向侧一步，右臂胸前平屈。

2拍，左脚在右脚后交叉，右臂侧下举（握拳）。

3拍，左脚侧出成开立，同时，上体稍右转，左臂胸前平屈。

4拍，身体左转90°，左臂下举，右臂前举（手型一指），眼看右手。

5拍，右脚向前一步，身体左转90°，右臂侧举。

6拍，身体左转90°，左腿屈膝抬起，两臂屈肘侧举。

7拍，右脚跳两次，身体左转180°。

8拍，身体左转180°，左脚落下成并立，两臂还原。

（十）第十个8拍

1拍，两脚并拢，全蹲，右手右侧撑地。

2拍，两脚蹬地，左腿伸直成左侧分腿，同时，上体右侧倒，左臂上举。

3拍前半拍，左脚向前一步，身体右转180°，两腿分腿屈膝，上体前屈。3拍后半拍，右脚向前一步，身体立起。

4拍，左脚并右脚成站立姿势。

5拍，右脚向前一步，两臂屈肘侧举。

6拍，左脚并右脚，两臂腹前下举，两手重叠。

7拍前半拍，两腿屈膝，提踵，两膝向左摆动，两臂右下摆。7拍后半拍同7拍前半拍，左右相反。

8拍，还原成并立。

（十一）第十一个8拍

1拍，两腿弹动，右脚向前一步，同时，上体稍右转，两臂腹前屈肘，前臂经内向外摆动。

2拍，两腿弹动，左脚向前一步，脚跟点地，上体稍左转，两臂腹前屈肘，前臂经内向外摆动。

3拍，两腿弹动，左脚向后一步，两臂腹前屈肘，前臂经内向外摆动。

4拍，右脚向后一步，左腿屈膝成左弓步，上体稍前倾，两臂腹前屈肘，前臂经内向外摆动。

5拍，同1拍。

6拍，脚步和身体的位置同2拍，右臂右前上举（手型一指）。

7拍，同3拍。

8拍，脚步同4拍，上体稍左转，右臂腹前屈。

（十二）第十二个8拍

1拍前半拍，右脚向侧一步，分腿半蹲，同时，两臂胸前交叉（手握拳）。1拍后半拍，左脚跳起，右腿后屈，两臂下举。

2拍前半拍，右腿前弹踢。2拍后半拍，右脚还原并立。

3拍，左脚向侧一步成分腿半蹲，同时，左臂胸前平屈。

4拍，左脚并右脚，同时，身体左转90°，左臂还原成下举。

5拍，左脚跳起，右腿前蹬，同时，两臂经胸前平屈前伸至前举（两手握拳）。

6拍，右脚并左脚，屈膝提踵，前顶髋，两臂收至腰侧屈。

7拍，全蹲。

8拍，两脚跳起，身体右转90°，两脚成开立，身体稍左转，右臂前举。

第三节 流行街舞技能教学

流行街舞对舞者的动作熟练度提出了较高的要求，只有达到这一要求，才能充分体现出强烈的舞感、身体的协调性和控制力。流行街舞的核心内容是技巧动作，对流行街舞成套动作表演水平进行评价时，往往将技巧动作的难度、完成质量作为评价指标。下面主要介绍流行街舞技巧动作和成套动作教学。

一、流行街舞技巧动作教学

（一）手倒立

由站立，两臂前举的姿势开始，上体前倒，双手撑地，一腿弯曲蹬地，另一腿后上摆。当摆动腿摆至与地面垂直时，蹬地腿上摆成倒立或分腿屈膝倒立，含胸、顶肩、立腰，使身体重心落在两手上。

（二）单手倒立

由站立，两臂前举开始，上体前倒，两手撑地，左脚蹬地，右腿上摆。当摆动腿摆至与地面垂直时，蹬地腿上摆成倒立，推手成单臂支撑手倒立。

（三）头手倒立

由蹲撑姿势开始，两手与肩同宽在体前撑地。用头顶在两手前撑地，形成等边三角形，两脚用力蹬地，使臀部提高，重心放在等边三角形上。两肘内收，两腿上摆成各种姿势，头手倒立。

（四）双脚离地

肩、手支撑，由侧蹲撑开始，左腿屈膝，右腿稍前伸，两手右侧前撑地。上体前倒右肩触地，同时左脚蹬地，两腿摆起，右腿前举靠在左肘上，左腿后上举成上下分腿或前后分腿，肩手支撑地。

（五）两脚上举前后分腿

肩、手支撑，由分腿俯撑开始，左手靠近身体撑地，左肘靠住左腰侧，右手前撑。上体前倒左肩触地，重心前移，两脚蹬地上摆。左腿向前，右腿屈膝向后，摆成前后分腿或右腿上举，左腿前屈膝。

（六）侧屈体单臂支撑

由站立姿势开始，上体前倒，双手撑地，一腿弯曲蹬地，另一腿后上摆。当摆动腿摆至与地面垂直时，蹬地腿上摆倒立，然后推右手，右腿伸直侧落，左腿后屈，或两腿侧落，身体右侧屈，使身体重心落在左手上。

（七）风车

由分腿俯撑开始，左手靠近身体左侧撑地，左肘内夹靠住腰侧，右手在前撑地，两脚大分腿。左脚蹬地抬起，往右斜下方用力摆腿，同时左手放开，身体由左侧倒，沿着手臂至背部顺序着地（身体着地点在背部上方二分之一处），腰部稍抬起，两腿依次摆动，带动身体转动成俯卧。双手迅速撑地，使身体撑成开始姿势，然后再按照同样的步骤重复进行。

二、流行街舞成套动作教学

下面介绍的这套流行街舞由开始动作、技巧动作和组合动作组成，其中开始动作为2×8拍，技巧动作为3×8拍，组合动作为8×8拍，共13个8拍。这套动作内容较多，变化多样，有鲜明的节奏、自由的风格和灵活的步伐，将Hip-Hop流行街舞的魅力充分展现出来。

（一）开始动作（2×8拍）

1.第一个8拍

1—8拍，两手左前撑地，身体向外转体360°成左腿伸直，右腿后屈坐地，上体前屈。

2.第二个8拍

同第一个8拍，左右方向相反。然后身体立起，两脚成开立姿势。

（二）技巧动作（3×8拍）

1.第一个8拍

1—4拍，移动走4步。

5—8拍，做单臂支撑，两腿上举成侧屈体，还原。

2.第二个8拍

1—4拍，移动走4步。

5—8拍，做单臂支撑后手翻，还原。

3.第三个8拍

1—4拍，移动走4步。

5—8拍，左手倒立屈伸腿，还原。

（三）组合动作（8×8拍）

1.第一个8拍

1—2拍，左脚向侧做一次滑步，右脚并左脚，同时上体稍侧屈，右臂经左侧向前绕至侧下举，一拍一动。

3—4拍，同1—2拍，左右方向相反。

5—8拍，同1—4拍。

2.第二个8拍

1拍，右脚跳起，左脚前蹬落地，同时两臂经胸前屈伸至前举交叉（两手半握拳）。

2拍，左脚跳起，右脚前蹬落地，同时两臂经胸前屈伸至前举交叉（两手半握拳）。

3—4拍，同1—2拍。

5拍，右脚跳起，左脚前蹬落地，两臂屈肘，前后摆动。

6拍，左脚跳起，身体左转90°，右脚前点地，左腿后屈，两臂屈肘前后摆。

7拍，左脚跳起，身体右转90°，右脚前蹬后并左脚。

8拍，同6拍，左右方向相反。

3.第三个8拍

1拍，右脚跳起，左脚还原。

2—3拍，同第二个8拍的6—7拍。

4拍，同第二个8拍的6拍，左右相反。

5拍，右脚跳起，身体右转90°，左脚向前一步，两臂后摆。

6拍，右腿前踢，两臂前举。

7拍，右腿后退一步。

8拍，左脚并右脚后全蹲。

4.第四个8拍

1拍，两脚跳起，左脚向侧一步。

2拍，右脚在左脚后点地。

3—4拍同1—2拍，左右脚相反。

5—6拍，右脚向侧一步，左脚在右脚后交叉，两臂自然前后摆动。

7—8拍，身体向右转体270°成直立。

5.第五个8拍

1拍，全蹲，两手扶膝。

2拍，身体立起，左腿在右脚前侧屈膝，同时两臂胸前交叉。

3拍，左脚向前一步，两臂侧下举。

4拍，右脚并左脚，两臂还原，身体向左转体360°。

5拍，左脚跳起，右脚向侧一步。

6拍，左脚在右脚后点地，同时两臂屈肘前后摆动。

7—8拍同5—6拍，左右方向相反。

6.第六个8拍

1—2拍，左脚后退两步成左脚在右脚后交叉，左臂屈肘前摆，右臂屈肘后摆。

3拍，左脚向前一步，上体前屈，右臂屈肘前摆，左臂屈肘后摆。

4拍，右脚前出脚跟点地，同时左臂头前屈臂。

5—6拍，同1—2拍。

7—8拍，身体向左转体360°。

7.第七个8拍

1—2拍，左脚向侧一步，屈膝脚尖点地，膝盖向外—向内转动两次，同时左臂屈肘向外—向内摆动两次。

3—4拍，同1—2拍，左右方向相反。

5—6拍，左脚跳起，右脚前点地，同时右臂屈肘上举。

7—8拍，两脚蹬地，身体重心前后移一次。

8.第八个8拍

1—4拍，右手右侧撑地，右腿伸直，左腿屈膝，左手扶头后，绕腿经俯撑成左手左侧撑地，左腿伸直，右腿屈膝，右手扶头后。

5—8拍同1—4拍，左右方向相反。

结束姿势：左腿伸直，右腿后屈坐地，上体前屈，左臂屈肘后摆，右手扶头后。

第四节　我国街舞文化产业与培训产业的科学发展

一、我国街舞文化产业的科学发展

随着我国经济社会的快速发展，文化产业逐渐崛起，街舞经过多年的演变，已成为一种具有广泛影响力的全球性文化现象，街舞文化产业作为新兴的文化形态正日益受到广泛关注。而且，街舞从传入我国到逐渐普及，已经发展成为一种具有独特魅力的文化业态，展现出巨大的市场潜力和广阔的发展前景。

（一）街舞文化产业的发展现状

1.街舞爱好者数量逐年上升

近年来，我国街舞爱好者数量呈逐年上升趋势。据不完全统计，目前全国范围内有一定水平的街舞爱好者已超过1000万人，且年龄分布广泛，涵盖了从小学生到中年人群各个年龄段。

2.街舞赛事活动丰富多样

随着街舞爱好者的增多，各类街舞赛事活动应运而生。不仅有国际级的街舞大赛，还有全国各地举办的地区性比赛和校园赛事。这些赛事活动的举办不仅为街舞爱好者提供了展示才华的舞台，也进一步推动了街舞文化在我国的传播。

3.街舞培训市场逐步成熟

随着街舞热的兴起，街舞培训市场也逐步成熟。全国各地涌现出一批具有较高知名度的街舞培训机构，如舞佳舞、舞状元等。这些机构为学员提供专业的舞蹈教学和丰富的实践机会，为我国街舞人才的培养奠定了基础。

4.街舞产业链逐渐完善

街舞文化产业的发展带动了相关产业链的繁荣。从舞蹈服饰、舞蹈用品到街舞赛事组织、街舞培训，产业链的完善为街舞文化的传播提供了强有力的支持。

（二）街舞文化产业发展面临的挑战

随着国家对文化产业的重视和支持，街舞文化产业有望得到更多的政策利好。同时，年轻人群对街舞文化的热衷，以及街舞在各类综艺节目中的亮相，都将助力街舞文化产业进一步发展。

尽管街舞文化产业在我国的发展势头迅猛，但仍面临一些挑战。首先，街舞文化在我国的普及程度仍有待提高，尤其是在中小城市和农村地区。其次，街舞专业人才的培养体系尚不完善，优秀教练资源和竞赛体系仍有待完善。最后，街舞文化产业的相关政策法规和产业标准亟待建立健全。

（三）街舞文化产业的发展对策

1.加大政策扶持力度，优化发展环境

政府部门应进一步加大对街舞文化产业的扶持力度，出台相关政策，为街舞文化产业的发展提供政策保障。同时，鼓励各级政府和社会力量投资街舞文化产业，为其提供良好的发展环境。

2.推动产业链拓展与升级，深化产业融合

街舞文化产业应不断拓展产业链，向上游延伸至街舞服饰、道具、器材等研发、生产和销售；向下游延伸至街舞表演、赛事、活动组织、文化传播等。同时，通过技术创新、品牌打造等手段，实现产业链的升级，提高产业附加值。此外，街舞文化产业还应与其他产业深度融合，如旅游、教育等产业，创新产业发展模式，拓宽发展渠道。

3.建设与完善街舞教育体系，培养专业人才

街舞文化产业的发展离不开人才的支持，我国要大力建立健全街舞教育体系，提高街舞教育的专业化水平，同时加强街舞教师队伍建设，引进国际先进的教学理念和方法，加大对青少年街舞人才的培养力度，为我国街舞事业储备力量。企业、培训机构也应加大对街舞人才的培养力度，通过举办专业培训班、引进国外优秀街舞教师等方式，提高街舞人才的综合素质。

4.举办多层次赛事活动，提升社会影响力

当前，有关部门和培训机构可通过举办各类街舞赛事活动来提升赛事品质，吸引优秀选手参与。在赛事产业发展中还需要打造具有较高知名度和影响力的赛事品牌，以提升产业整体竞争力。同时，要加大赛事宣传力度，通过网络、媒体、线下活动等多种渠道让更多人了解、关注和支持街舞文化。通过赛事平台与优质品牌，能够提升街舞在国内与国际舞台上的影响力。

总之，街舞文化产业在我国具有广阔的发展前景。只有把握机遇，应对挑战，不断创新，才能推动我国街舞文化产业迈向更高水平。

二、我国街舞培训产业的科学发展

街舞作为一种富有活力和创意的表演艺术，近年来吸引了越来越多的人参与。街舞培训产业作为文化产业链中的一环，成为当下的一个流行体育产

业，其发展态势值得关注。

（一）街舞培训产业的发展现状

1.市场规模逐年扩大

近年来，我国街舞培训市场迅速发展，市场规模逐年扩大。越来越多的人意识到街舞的魅力，纷纷投身街舞学习之中。街舞培训学校如雨后春笋般涌现，为学员提供了丰富的学习选择。

2.培训水平参差不齐

虽然街舞培训市场日益繁荣，但培训质量参差不齐。部分培训机构师资力量薄弱，教学设施不完善，难以满足学员的学习需求。这也导致了一些学员在选择培训机构时感到迷茫。

3.专业化、个性化需求日益凸显

随着街舞文化的普及，学员对培训需求逐渐呈现出专业化、个性化的特点。越来越多的学员希望通过系统培训，提高自己的舞蹈技能，甚至成为专业的舞者。此外，学员对培训课程、教学方式等方面也提出了更高的要求。

4.产业协同发展不足

我国街舞培训产业尚未形成完整的产业链，协同发展不足。街舞培训与其他相关产业如街舞赛事、街舞用品销售等关联度不高，产业间的合作较少，难以实现产业共赢。

（二）街舞培训产业的发展策略

1.加大政策扶持力度，创造良好的发展环境

政府部门应加大对街舞培训产业的扶持力度，出台相关政策，为产业发展提供有利条件。例如，纳入文化产业振兴规划；支持具有特色的街舞产业园区建设；提供场地、资金等支持；帮助培训机构改善教学环境；加强与国

内外街舞产业的交流合作；等等。政策扶持将有助于街舞培训产业的规范化、规模化发展。

2.提升培训质量，加强师资队伍建设

要提高街舞培训产业的整体水平，首先要从提升培训质量入手。培训机构应加强师资队伍建设，聘请具有专业水准和教学经验的教练，提高教学质量。其次，加强对教练员的培训和考核，确保教学质量得到保障。

3.加强品牌建设，提高街舞行业的知名度

随着我国居民对文化娱乐需求的持续增长，街舞培训市场将面临更大的发展空间，市场规模将继续保持快速增长。不仅要关注发展速度与规模，还要关注发展质量，加强品牌建设。品牌是企业竞争的关键。街舞培训机构应加强品牌建设，通过举办各类活动、线上线下宣传等方式，提高行业知名度。同时，鼓励优质培训机构走出去，参加国际街舞交流活动，提升我国街舞培训业的水平。

4.完善产业链，促进产业协同发展

街舞培训产业应与其他相关产业紧密合作，形成完整的产业链，实现产业链上下游的联动发展，将有助于为街舞培训产业提供更多的发展机遇。例如，与街舞赛事机构合作，为学员提供更多表演和比赛机会；与街舞用品销售商合作，为学员提供便捷的舞蹈用品购买渠道。产业间的协同发展将有助于提升整个街舞产业的核心竞争力。

总之，我国街舞培训产业正处于快速发展阶段，市场规模逐年扩大，市场需求持续增长。但同时也面临着培训水平参差不齐、专业化需求日益凸显等问题。未来，在政策支持和市场需求的双重驱动下，街舞培训产业将朝着规范化、规模化、专业化的方向发展。培训机构应把握机遇，提高教学质量，培养更多优秀的街舞人才，助力我国街舞事业的繁荣发展。

参考文献

[1]陈丽霞，胡效芳.体育艺术类项目教程[M].西安：陕西师范大学出版总社有限公司，2016.

[2]曹茜.体育理论与艺术项目赏析[M].长春：吉林大学出版社，2017.

[3]田祖国.体育艺术类运动教程[M].长沙：湖南大学出版社，2021.

[4]刘俊.大学体育艺术与形体训练[M].长春：吉林美术出版社，2019.

[5]王颖.体育艺术与体育文化[M].长春：吉林美术出版社，2017.

[6]宓钟琪.体育艺术类课程"五星级"教学模式培养学生"四种能力"的教学改革探究[M].青岛：中国海洋大学出版社，2023.

[7]周文.现代高职体育艺术[M].上海：上海交通大学出版社，2016.

[8]李江霞.健身健美运动[M].天津：天津科学技术出版社，2020.

[9]周骞.高校健身健美教程[M].北京：新华出版社，2018.

[10]王姝燕.全民健身与健美操研究[M].天津：天津科学技术出版社，2018.

[11]廖丽琴，傅超.健身健美操[M].长春：吉林大学出版社，2016.

[12]方志军，付春明.现代健身健美教程[M].长春：东北师范大学出版社，2015.

[13]梁世君.大学生健身健美运动基础教程[M].沈阳：东北大学出版社，2015.

[14]刘绍东.健美健身运动学[M].北京：人民体育出版社，2016.

[15]刘丹.青少年健身健美运动训练纲要与教法指导[M].北京：人民体育出版社，2011.

[16]健身健美运动教程编写组.健身健美运动教程[M].北京：北京体育大学出版社，2016.

[17]吴廉卿.健美运动技术方法[M].武汉：武汉大学出版社，2015.

[18]赵晓玲.体育舞蹈教程[M].重庆：重庆大学出版社，2017.

[19]朱萍.体育舞蹈[M].杭州：浙江大学出版社，2016.

[20]武利华.街舞[M].天津：天津人民美术出版社，2018.

[21]花楠.啦啦操运动教程[M].北京：现代出版社，2019.

[22]杨巧静，李逸群.啦啦操运动教程[M].北京：人民体育出版社，2020.

[23]杨放.啦啦操运动理论与实践[M].桂林：广西师范大学出版社，2012.

[24]王晟.运动技能与体育教学[M].长春：吉林大学出版社，2017.

[25]任婷婷.高校体育教学管理改革与模式构建[M].长春：吉林大学出版社，2017.

[26]孔凌鹤，马腾.现代体育教学的多维分析与创新研究[M].北京：中国商务出版社，2016.

[27]王念辉.学校体育教学课的有效组织与开展研究[M].北京：中国纺织出版社，2017.

[28]田麦久.运动训练学 第2版[M].北京：高等教育出版社，2017.

[29]郭斌，颜彤丹，刘翔.体育运动训练理论与实践指导[M].北京：人民日报出版社，2017.

[30]马波.现代教育理念下体育教学的发展和探索[M].北京：中国商务出版社，2016.

[31]郭道全，魏富民，肖勤.现代高校体育教学概论[M].北京：中国商务出版社，2015.

[32]沈建华，陈融.学校体育学[M].北京：高等教育出版社，2010.

[33]毛振明.体育教学论 第2版[M].北京：高等教育出版社，2011.

[34]李海，裴鹏.体育教学案例分析与详解[M].北京：北京体育大学出版社，2014.

[35]南来寒.街舞[M].长春：吉林文史出版社，2014.

[36]莫丹.街舞[M].长春：吉林出版集团有限责任公司，2010.

[37]管慧.全民健身背景下健美操产业发展的动力机制研究[D].武汉体育学院，2022.

[38]陈佳琪.全民健身视角下健美操产业的发展研究[J].辽宁体育科技，2019，41（02）：23-25.

[39]梁亚琪，李先雄.我国啦啦操产业发展前景探究[J].商，2015（19）：275.

[40]何洁.中美啦啦操产业发展对比研究[D].成都体育学院，2015.

[41]赵威，刘岩，赵琦.青奥会新设项目视野下我国街舞文化产业发展趋势[J].武术研究，2018，3（08）：131-135.

[42]黄玉珏.街舞文化产业的发展及街舞进社区的可行性研究[J].艺术家，2020（06）：148-149.

[43]饶羽琴.供需视角下健身街舞培训产业发展研究[J].当代体育科技，2020，10（35）：164-168.

[44]丁琪.新规则视野下我国体育舞蹈发展策略研究[D].云南师范大学，2021.

[45]王徽.多视角下我国体育舞蹈的发展研究[D].武汉体育学院，2016.

[46]高雅.武汉市中心城区体育舞蹈培训产业的SCP范式分析[D].武汉体育学院，2020.

[47]贾晓.济南市体育舞蹈文化产业发展探索研究[D].山东体育学院，2016.

[48]陈骏.安徽省体育舞蹈赛事产业发展现状研究[D].安徽工程大学，2019.

[49]王惠.大学体育翻转课堂模式构建[J].鄂州大学学报，2023，30（02）：91-93.

[50]冯川.初中体育线上线下混合式教学模式研究[D].阜阳师范大学，2021.

[51]沈浙.以发展学生身体健康素质为培养目标的体育教学模式的研究与实践[J].运动，2014（06）：35-36，115.

[52]黄志.论体育舞蹈的审美教育功能[D].华中师范大学，2011.

[53]侯典云.对体育艺术与艺术体育及其分类的研究[J].山西师大体育学院学报，2011，26（3）：1–2，13.